中國學術思想 研究輯刊

十一編

林慶彰 主編

第 4 冊

呂祖謙《詩經》學研究

郭麗娟 著

花木蘭文化出版社

國家圖書館出版品預行編目資料

呂祖謙《詩經》學研究／郭麗娟 著 — 初版 — 新北市：花木
蘭文化出版社，2011〔民 100〕
序 2+ 目 2+154 面；19×26 公分
（中國學術思想研究輯刊 十一編；第 4 冊）
ISBN：978-986-254-451-8（精裝）
1.（宋）呂祖謙 2.詩經 3.學術思想 4.研究考訂
030.8   100000687

ISBN-978-986-254-451-8

中國學術思想研究輯刊
十一編 第四冊   ISBN：978-986-254-451-8

呂祖謙《詩經》學研究

作　　者	郭麗娟
主　　編	林慶彰
總 編 輯	杜潔祥
出　　版	花木蘭文化出版社
發 行 所	花木蘭文化出版社
發 行 人	高小娟
聯絡地址	新北市永和區中正路五九五號七樓之三
	電話：02-2923-1455／傳眞：02-2923-1452
網　　址	http://www.huamulan.tw 信箱 sut81518@ms59.hinet.net
印　　刷	普羅文化出版廣告事業
封面設計	劉開工作室
初　　版	2011 年 3 月
定　　價	十一編 40 冊（精裝）新台幣 62,000 元

呂祖謙《詩經》學研究

郭麗娟　著

作者簡介

郭麗娟，臺灣省臺中縣人，出生於廣州市，是朋友們口中的「大陸妹」。曾就讀臺灣省立臺中女中，臺北市北一女中，求學生涯中斷過很長時間，因此在大學，研究所裏是班上最年長的學生，必須比同學多化上數倍時間唸書。研究所畢業後雖曾兼任經學，詩學方面課程，但擔任最久的工作卻是家庭煮婦及保母。罹患眼疾與突發性耳聾後，生活轉入簡單，清淡，喜親近自然。

提　　要

　　呂祖謙對《詩經》學方面最主要的論述是他的著作《呂氏家塾讀詩記》，其書係採諸家之說，集其善者編纂而成。其所引之書，今大多已亡佚，從呂書中可尋得片段的記載，或可略窺其簡要之輪廓，因此對前人著作或有輯佚的作用。呂祖謙釋《詩》之方法甚多；有引前賢之說以證其解，或舉前人之說以釋《詩》；其尊《序》，然又非盲目遵之，若《詩序》有誤，或認有後人附益時，亦糾其誤。於申述詩篇之義時，有申釋一章或數章之義，或綜述全篇之大意，並論及各章之層遞關係。他以「協韻」及「賦比興」論作詩之法，於探討《詩》旨時，除言一篇之大旨外，亦論及意在言外者。對於詩旨不明者，並不強釋之，而是「存其訓故，以待知者」。呂氏甚重視字詞、名物等方面之訓詁，對毛《傳》、鄭《箋》、史書、及前人之誤，皆一一辨正或加以補充。其辨正並非完全正確，然可從中窺其欲探求詩句正確意義，進而確定詩旨的用心。呂祖謙說《詩》也有疏失之處，如以《詩》之正變分經傳，引用典故、或採他家之說未察其非等。但在宋代反毛、鄭，廢《序》之潮流下，呂氏仍堅守毛《傳》、鄭《箋》、《詩序》，撰《呂氏家塾讀詩記》一書，使漢儒傳統得以保存下來，其功自不可沒。

目
次

自 序

　　大學時選修了林老師所開的「詩經」課程，不但教過的百來首詩篇都要背熟，還補充閱讀了不少《詩經》研究的論文。這樣嚴格的要求，讓我對《詩經》這門學問，在廣度和深度上有較多的認識，也種下了日後研究《詩經》的因。

　　在東吳中研所時又修老師所開的「中國經學史研究」課程。那是忙碌緊張的一年，日子在找資料、構思組織論文、課堂發表……一連串反覆循環的訓練中流逝，而歷代經學研究的嬗變、治學的細微末節，皆從其中熟習，讓自己能更篤定、駕輕就熟的面對碩士論文的寫作。

　　在邁出小小一步的同時，首先我要感謝指導教授林慶彰老師，在我撰寫論文的過程中給予最大的幫助；從擬定題目、研究架構，到整篇論文的逐字斧正，費心甚多。他對學術的熱忱，治學方法的嚴謹，及待人處事的態度上，對我有更多的啟發，謹此致上最深切的敬意與謝忱。

　　另外，程元敏教授、朱守亮教授從不同角度提供寶貴的意見，讓我藉以修正論文的不足。還有學妹侯美珍，經常幫我留意有關呂祖謙的資料，並協助校對，在此一併致謝。至於在中央圖書館研究小間共同奮鬥的同學：李鍾美、周珮雯、洪芬馨，都是這段「朝九晚九」甘苦歲月的最佳夥伴。最後，我要感謝我的家人，雖然他們並不贊成我的選擇，但仍給我諸多支持與鼓勵，讓我能順利完成這階段的學業。

　　學術的長路才剛踏出一步，雖力求完滿，但疏漏之處必然甚多，尚祈先進賢達有所指正。

中華民國八十三年十二月郭麗娟
謹識於東吳大學中國文學研究所

第一章　緒　言

第一節　研究動機

　　呂祖謙是南宋前期著名的思想家、古文家、理學家，又長於經史，學問淵博，著作繁富。其《詩經》方面見解與朱熹相異，《麗澤論說集錄‧提要》曰：

> 祖謙初與朱子相得，後以爭論《毛詩》不合，遂深相排斥。……當其投契之時，則引之同定《近思錄》，使預聞道統之傳，當其牴牾以後，則字字譏彈，身無完膚，毋亦負氣相攻有激而然歟。（《四庫全書》第七○三冊，頁265）

《提要》載呂祖謙與朱熹因爭議《毛詩》而不合，黎靖德所編《朱子語類》中有三十條係朱熹批評呂祖謙之著作及學問者。當二人相得時，朱子約呂氏同定《近思錄》，失和時，則攻擊呂氏「字字譏彈」，欲置之「身無完膚」而後已。又，《四庫全書總目》經部，詩類一，「《詩集傳》八卷」載：

> 楊慎《丹鉛錄》謂文公因呂成公太尊〈小序〉，遂盡變其說，雖臆度之詞，或亦不無所因。（卷十五，頁19）

此段記載雖有余嘉錫《四庫提要辨證》駁之，[註1] 然今人李家樹仍謂：

> 朱熹晚年改從鄭樵學說的動機，主要是和呂祖謙討論學問時引起

〔註1〕《四庫提要辨證》卷一，經部一載：「《提要》謂《集傳》廢《序》，成於東萊之相激，徧考《語類》、《文集》，並無此說，蓋本之《丹鉛錄》，此升庵臆度之詞，元以前無此言者。夫考亭《詩序辨說》，後儒以負氣求勝譏之，固所不免，然謂成於東萊之相激，亦考之未審耳。」（收入藝文印書館1974年10月四版《四庫全書總目》第九冊，頁36「《詩集傳》八卷」條）

的。他們的私誼雖然不錯，但在學問方面，就絕不相讓了。(《詩經的歷史公案》，頁46)。

其謂朱子改從鄭說，係由呂氏所起，前云「雖臆度之詞，或亦不無所因」，其間關係究竟如何？又，王潞南〈著述辨惑〉曰：

> 呂東萊自謂《左氏博議》乃少年場屋所作，淺狹偏暗，皆不中理，力戒後學誦習，而終身刻意者《讀詩記》、《大事記》二書而已。以予觀之，《博議》雖多浮辭，而其所發明往往出人意表，實有補于世教，《讀詩記》乃反平常，無甚高論……。(《潞南集》卷二十一，頁3～4)

呂祖謙《左氏博議》一書，是藉《左傳》所記所評之事，「枝辭贅喻」以資課試學子者，為科舉考試之範文。由於議論宏博，既可助人辯論之資，復能啟人反駁之理，故世人爭相傳誦，王氏云：「其所發明往往出人意表，實有補于世教。」

呂祖謙於諸經皆有著作，然成書者僅《呂氏家塾讀詩記》及《書說》，而皆未終篇。其「終身刻意」之《讀詩記》王氏竟批以「乃反平常，無甚高論」，與《四庫全書總目》之評語大異其趣。《四庫全書總目》經部，詩類一，「《呂氏家塾讀詩記》三十二卷」載：

> 詩學之詳正，未有逾於此書者。……其能發明詩人躬自厚而薄責於人之旨，……宋人絕重是書也。(卷十五，頁24)

《四庫全書總目》引陳振孫、魏了翁之語，[註2] 並謂「二人各舉一義，已略盡是書所長」，呂祖謙去世未久，該書已再版，可見當代學者甚重此書，而王潞南何以貶之？至四庫館臣又加推重，此書的得失影響頗值得一探究竟。再者於宋代疑經、改經，疑《序》、廢《序》之呼聲中，呂祖謙為何堅守毛、鄭？以上諸問題實有探究之必要，因而以「呂祖謙詩經學研究」為題撰作此篇論文。

第二節　現有研究成果的檢討

研究呂祖謙之單篇論文甚夥，尤其是史學、理學、思想、教育等方面之論著。此類文章大多發表於《浙江月刊》、《浙江學刊》、《孔子研究》、《學術

〔註2〕陳振孫稱：「博採諸家，存其名氏，先列訓詁，後陳文義，剪截貫穿，如出一手。」，魏了翁稱：「能發明詩人『躬自厚而薄責於人』之旨」。(《四庫全書總目》卷十五，經部一，詩類一，頁24～25)

月刊》、《中國哲學史研究》、《幼獅月刊》、《孔孟月刊》，及各大學學報等，今僅就專書與學位論文部分略述之，其餘則列入參考書目。

一、最早研究呂祖謙之學位論文爲胡昌智《呂祖謙及其史學》一書，此書係臺灣大學歷史研究所一九七四年碩士論文。全篇計分四章，前三章分述呂祖謙之家世、生平、學術及史學。「史學」爲其主要部分，以夷夏觀念、名份思想、正統觀念、史識、史考、史德等六小節論述。強調呂祖謙爲學「力斥門戶思想、主張推擴心胸，最不好爭辯」，除家傳之文獻學、洛學外，又吸取關學、佛學，故甚爲博雜不精，於史學方面卻有獨到之見解，從史學著作中可見出其學養之豐富，及對史事審愼處理之態度，平時重視讀史以蓄德。作者以「捨祖謙之學，不足以論清代浙東學術之淵源」，肯定了呂祖謙於歷史脈絡中所佔之地位。

二、一九七七年姚榮松《呂祖謙》，收入中華文化復興運動推行委員會所編之《中國歷代思想家》第五冊，主要介紹其生平、思想、著作及影響等。谷鳳翔先生於序言中稱此套書爲一較通俗化之中國學術思想入門導引書。

三、吳春山《呂祖謙研究》則爲臺灣大學中國文學研究所一九七八年之博士論文。全篇六章，分別介紹呂祖謙之家世與生平、性理之學、經學、史學、文學，以及與浙東諸子之關係。各章內容頗爲龐雜，例如「性理之學」一章，即包括心性諸論、變化氣質、博約之學、知行與實學、禮義威儀等數小節。其論文涵蓋面廣，對呂氏之思想、學術、交往均多方涉及，惟全篇無前言及結論，有如未完成之作品。

四、潘富恩、徐余慶合著之《呂祖謙思想初探》是大陸第一本研究呂祖謙思想的專書，〔註3〕杭州浙江人民出版社於一九八四年六月出版。全書共 161 頁，內容分述呂祖謙之生平與學術活動，政治、哲學、教育思想，及倫理學說、歷史觀等。其書雖小，然條分縷析，取材精當，北大張岱年教授評此書爲「填補了中國哲學史研究的一個空白」（《呂祖謙評傳》「後記」）。

五、馬秀嫻《呂祖謙之理學研究》是香港新亞研究所一九八五年之碩士論文，全篇四章，分別介紹呂祖謙之生平、學問性格及學派名稱考略、心性學研究、理學特色等，其中以性理說、心學之論述較詳。雖偏向「思想史式

〔註3〕張立文先生於該書《序》中云：「近三十多年來，不僅無研究呂祖謙思想的專著出版，而且文章也寥寥無幾。據我所知，潘富恩同志的新著《呂祖謙思想初探》，要算第一本。」（《呂祖謙思想初探》頁 2）

的研究」，〔註4〕然仍不失爲一篇好論文。

六、劉昭仁《呂東萊之文學與史學》一書於一九八六年出版，顧名思義係著重於文學與史學之論著。其文學論述方向與前人不同，較能發揮自己之創見，而史學則因胡、吳二先生已述之甚詳，故不易超越。據林建勳先生稱：「此書詳於東萊著作之考證是最大優點。」（《呂東萊的春秋學》頁7）經閱第二章〈呂東萊著述考〉，發覺有幾項值得提出來討論：

1、書中引用《四庫全書總目》、《郡齋讀書志》、《文獻通考‧經籍考》、《金華經籍志》，以及胡宗楙按語、姚榮松先生論述等，皆疏於註明出處。

2、經部著作第八項載：「東萊爲李黃《毛詩集解》釋音，其他典籍均未提及。」（頁41），查《四庫全書總目》（卷十五，頁15）及《通志堂經解》第十六冊（頁9231）均有相關記載。〔註5〕

3、經部著作第十七項，《四傳大全》三十八卷，誤列「《四庫書目》」有著錄（頁47）。又，「《呂氏家塾讀詩記》三十二卷」項下誤書《通志堂經解》有收錄（頁41），嚴粲《詩緝》誤爲《詩輯》（頁41），《東萊左氏博議》凡一百六十八篇，誤爲「凡一百八十六篇」（頁43）。

4、史部著作第五項，《西漢精華》十四卷，《東漢精華》十四卷，列《直齋書錄解題》、《四庫全書總目》均著錄，經查《直齋書錄解題》並未著錄，《四庫全書總目》亦僅著錄《東漢精華》十四卷。或因《金華經籍志》載「見《直齋書錄解題》、《四庫總目》」，故作者於經部著作第十七項及史部著作第五項，皆直書不誤。

七、林建勳《呂東萊的春秋學》，是中央大學中國文學研究所一九九一年碩士論文。作者認爲呂祖謙之《春秋》學是「根基於義理學的一種歷史探究」，因此有專章討論義理之學、歷史與人物、歷史方法等。全篇主要是探討義理

〔註4〕 香港中文大學哲學系教授陳特先生認爲此篇論文是「思想史式的研究」，「不是一篇深入的哲學系統的闡釋。」（《呂祖謙之理學研究》「評分」頁）

〔註5〕 李樗《毛詩詳解》三十六卷、黃櫄《詩解》二十卷總論一卷，於《經義考》中分別著錄卷一百五，頁4，及卷一百八，頁5。《四庫全書總目》云，《毛詩集解》四十二卷係「集宋李樗、黃櫄兩家詩解爲一編，而附以李泳所訂呂祖謙釋音。……疑是書爲建陽書肆所合編。」（卷十五，經部，詩類一，頁15），《通志堂經解》第十六冊《毛詩集解》四十二卷則載「李迃仲黃實夫毛詩集解」，三山先生李樗（迃仲）講義，南劍教授黃櫄（實夫）講義，三山先生李泳（深卿）校正，東萊先生呂祖謙（伯恭）釋音。」（臺灣大通書局有限公司1972年9月再版，頁9231）

學與歷史研究間之問題，論述方法新穎，不落窠臼。

八、一九九二年出版之《呂祖謙評傳》，係潘富恩、徐余慶繼《呂祖謙思想初探》後之作品，收入《中國思想家評傳叢書》中。作者自述《初探》一書對呂氏的思想研究不夠深入，其「不如人意之處甚多」，因此在前書之基礎上加以擴充，全書以馬克思主義爲依據，有系統地論述呂祖謙的經濟、政治、哲學、教育等思想，及人生觀、史學觀、倫理學說等。其內容、章節均較前書充實，架構嚴謹、引證精確，是思想論著之佳作。

綜觀上列諸書，多偏於呂祖謙之理學，政治、經濟、哲學、教育思想，以及史學、春秋學的研究。至於《詩經》學方面，賴炎元〈呂祖謙的詩經學〉（收入《中國學術年刊》第六期），主要在探討呂祖謙與朱熹研究《詩經》的態度和方法之不同點。吳春山《呂祖謙研究》第三章第二節〈呂氏的詩學〉，及林惠勝《朱呂詩序說比較研究》皆涉及《詩經》的討論，然亦偏於朱、呂之比較。此外，尚無專門研究之專書。

第三節　本論文研究方法

本論文著重呂祖謙《詩經》學著述——《呂氏家塾讀詩記》之研究，以臺灣商務印書館所編《四部叢刊續編》第四冊，《呂氏家塾讀詩記》爲主要依據（論文中所標頁數，即此書之頁碼，自 1439 至 1898），《呂東萊先生文集》、《東萊呂太史集》、《麗澤論說集錄》等爲輔，〔註6〕並參酌歷代《詩經》重要著述，以詳究其大要。

先探討呂氏世代家學、以及師承、朋友對呂祖謙的影響，以見其成學之背景。次究呂氏之生平、著作、及《呂氏家塾讀詩記》之成書經過，以瞭解其人其事。宋代《詩經》學自歐陽修以後，即紛紛以反毛《傳》、鄭《箋》，

〔註6〕《呂東萊先生文集》二十卷，收入《叢書集成新編》第七十四冊《頁 380 至503》，其卷一爲表、箚子，卷二策問、啓，卷三至卷五書，卷六記、序、銘、贊、辭、題跋，卷七至卷八墓誌銘，卷九家傳、祭文，卷十官箴、宗法條目、學規，卷十一《詩》，卷十二至卷十四《易》說，卷十五《詩》說拾遺，卷十六《禮記》說、《周禮》說，卷十七《論語》說、《孟子》說，卷十八《孟子》說，卷十九史說，卷二十雜說。其中卷一至卷十一，《東萊呂太史集》已收錄，卷十二至卷二十即《麗澤論說集錄》十卷，僅分卷不同而已。《東萊呂太史集》四十三卷，收入《叢書集成續編》第一二八冊（頁 491 至 753）。包括文集十五卷，別集十六卷，外集五卷，附錄三卷，拾遺一卷，附考異三卷。

反《詩序》為主,「說者愈多,同異紛紜」(《呂氏家塾讀詩記‧朱序》),學者欲探詩人之意而莫知折衷,呂祖謙有鑑於此,故博採諸家之說,擇其精要而編成一書。其研究《詩經》大多偏重毛《傳》、鄭《箋》、《詩序》等漢學舊說,並時引史書或前人之論述以鞏固其說。

呂祖謙認為《詩序》首句是當時所作,或國史得詩之時記載其事以示後人。首句以下為說《詩》者之辭,呂氏解《詩》時,常稱此類為後世講師所附益者。又,說《詩》者非一人,「有毛氏已見其說者,時在先。」如〈關雎〉之義;「有毛氏不見其說者,時在後。」如〈鵲巢〉之義。呂氏尊崇《詩序》、及論其作者皆有所根據,書中雖大多依《序》解《詩》,然對《詩序》的謬誤亦時有更正,並非盲目地遵從。對毛、鄭或前人的誤釋,以及朱熹的「淫詩說」,亦加以反駁。

至於詩三百篇,呂祖謙認為「大要近人情而已」、「凡觀《詩》須先識聖賢所說大條例,如孟子言:『不以文害辭,不以辭害志。』」、「今之言《詩》者,字為之訓,句為之釋,少有全得一篇之意者。」(以上出自〈詩說拾遺〉,收入《叢書集成新編》第七十四冊,頁 473 至 478),因此他釋《詩》常視情況而申釋一章或串聯數章之義,或綜述全篇大意,有討論各章之層遞關係,或取二《詩》以上作一比較。又曰:「《詩》有六體,逐篇一一求之,有兼得者,有偏得一二者。」(同上書,頁 473),故以協韻、賦比興論作《詩》之法。又認為看《詩》須先識《詩》之大旨,「《詩》體寬,不可泥著,然亦不可只便讀過,亦不見其言外之意趣。」(同上書,頁 474),因此探討《詩》旨時,亦顧及言外之意,對於《詩》旨不明著,則「存其訓故,以待知者」。由於重訓詁,故對字句的考訂、解釋非常審慎,「一字之訓,一事之義,亦未嘗不謹其說之所自。」(《呂氏家塾讀詩記‧朱序》),若前人之說有不足處,則加以補充。

本篇欲就以上呂祖謙研究《詩經》之重點作歸納分析,以探討呂氏《詩經》學之特色,並究其說《詩》之疏失,及其在《詩經》學上的價值與影響。

第二章　呂祖謙成學之背景

　　宋代學術文化繁榮，書院林立，講學風氣盛行，透過講學而產生許多學派。北宋時期便有周敦頤之濂學、張載的關學、二程的洛學。宋南遷之後，學術亦因之而南，至乾道、淳熙間而有三分之朱學、呂學、陸學。三家皆有洛學之淵源；朱學重格物致知，陸學重明心，二者皆注重心性義理之研究。而呂學則除性命義理外，更重歷史、經世致用、提倡實學，並兼取朱陸之長，而復以中原文獻之流潤色之。《詩經》方面；自東漢迄隋唐，毛《傳》、鄭《箋》定於一尊，說《詩》者莫敢議毛鄭，雖老師宿儒，亦謹守《詩序》。至宋而別開蹊徑，反毛鄭、廢《詩序》，不僅未被視爲離經叛道，而且成爲當代說詩之主流。朱熹受鄭樵、王質影響，懷疑舊說，自抒己見，偏向較開放之廢序派。而在一片疑經、改經聲中堅守《詩序》，成爲尊《序》派中影響最大、最受尊崇的，是呂祖謙以及他的《呂氏家塾讀詩記》。

　　呂祖謙求學過程中，雖蒙多位良師益友之影響，但不容否認的，其中最主要的影響係來自「家學」。《宋元學案》云：

> 先生文學術業，本于天資，習于家庭，稽諸中原文獻之所傳，博諸
> 四方師友之所講，融洽無所偏滯。（卷五十一，頁 1653）

茲綜合史傳記載及前人之論述，〔註1〕分兩方面探討。

第一節　家　學

　　呂氏家族於北宋，自呂公著起三世爲相，極爲顯赫，古代政治與學術一

〔註1〕前人相關著作有：姚榮松〈呂祖謙〉、吳春山《呂祖謙研究》、劉昭仁《呂東萊之文學與史學》、潘富恩、徐余慶《呂祖謙評傳》等。

體，故名相多為學者。據呂祖謙所撰《家傳》之追述，其祖先均清廉自守，節義凜然，家風甚佳。因之，呂家後裔在學術上極有成就。全祖望云：

> 考正獻子希哲、希純為安定門人，而希哲自為〈滎陽學案〉，滎陽子切問，亦見〈學案〉；又和問、廣問及從子稽中、堅中、弸中，別見〈和靖學案〉。滎陽孫本中及從子大器、大倫、大猷、大同，為〈紫微學案〉。紫微之從孫祖謙、祖儉、祖泰，又別為〈東萊學案〉。共十七人，凡七世。（《宋元學案》卷十九，頁 789）

一門之中被選登學案者如此之多，若無深厚之家學淵源是無法達到的，況此中尚漏列五人；即〈東萊學案〉中呂祖謙之子延年，從子喬年、康年。此外，未被列入之呂希績、呂好問，其學問成就亦足以名列學案，故應為七世，二十二人。

呂氏學注重「多識前言往行，以畜其德」（〈紫微學案序錄〉，頁 1233），全祖望指出：

> 先生（呂本中）家學，在多識前言往行以畜德，蓋自正獻（呂公著）以來所傳如此。（〈紫微學案〉頁 1234）

史傳記載，呂公著幼年讀書廢寢忘食，其父呂夷簡認為「他日必為公輔」（《宋史》卷三三六，頁 10772），後果為宰相。《呂氏家塾廣記》云：

> 正獻公每事持重近厚，然去就之際極于介潔。其在朝廷，小不合，便脫然無留意。故歷事四朝，無一年不自列求去。（〈范呂諸儒學案〉頁 789）

呂公著耿介廉潔，在朝廷去就之間絲毫不苟，與朝廷小有不合，即翩然欲去。故任職四朝宰相期間，沒有一年不遞辭呈求去。

呂公著之子呂希哲，最初學於歐陽修弟子焦千之，後學於胡瑗、孫復、邵雍、王安石等，偏交當代學者，最後拜程伊川為師。〈滎陽學案〉云：

> 滎陽少年，不名一師……集益之功，至廣且大。（〈滎陽學案序錄〉，頁 902）

當時交遊之學者中，邵雍精於象數、二程偏於性理，王安石之經術、范仲淹之經濟等，呂希哲皆集益之，故有「至廣且大」之譽。

呂希哲之孫呂本中「為滎陽（希哲）冢嫡，其不名一師，亦家風也。」（〈紫微學案序錄〉）自元祐以後諸名儒，如劉安世、楊時、游酢、陳瓘、尹焞、王蘋等，呂本中皆曾從之遊，以「多識前言往行以畜德。」（〈紫微學案〉，頁 1234）

全祖望云：

> 原明（呂希哲）再傳而爲先生（呂本中），雖歷登楊、游、尹之門，
> 而所守者世傳也。先生再傳而爲伯恭（呂祖謙），其所守者亦世傳
> 也。故中原文獻之傳獨歸呂氏，其餘大儒弗及也。（〈紫微學案〉，
> 頁 1234）

黃宗羲將呂本中列入〈和靖學案〉，全祖望認爲呂本中雖從尹和靖之門最久，
然其所守者仍爲呂氏世傳之「家學」，故別爲〈紫微學案〉，並謂其「上紹原
明，下啓伯恭。」（〈紫微學案〉頁 1234）。

呂本中上承呂希哲，下啓呂祖謙，係呂氏家學的樞紐。其少年時，與呂
祖謙之祖父呂弸中，同時受學尹焞門下，呂祖謙之父呂大器、其師林之奇、
汪應辰，皆受學于呂本中。呂祖謙從上述三人處，對其伯祖之學耳濡目染，
嫻熟於心，受其影響最多。

呂祖謙曾從林之奇、汪應辰、胡憲二位先生學，與朱熹、張栻等爲講友，
又與陸九淵、陳傅良、陳亮等交往，他的不泥一家之說，不僅在中原文獻之
統的基礎上，兼融朱、陸之長，且兼取永康、永嘉的事功之學。朱熹曾批評
呂氏家學「博雜」，云：

> 呂公（呂希哲）家傳，深有警悟人處，前輩涵養深厚乃如此。但其
> 論學殊有病，如云不主一門，不私一說，則博而雜矣。（〈滎陽學案〉，
> 頁 906）

並批評呂祖謙：

> 博雜極害事。伯恭日前只向博雜處用功，卻于要約處不曾子（仔）
> 細研究。（〈東萊學案〉頁 1675）

其實，博雜——不主一門、不私一說，正是呂氏家學特色之一。

呂公著未出仕前，曾從事講學，因好談佛理，常與高僧討論佛學精義而
廢寢忘食、登仕後與王安石、邵雍、司馬光、程顥、程頤等論交，相處融洽。
其所以致此，除政治地位及爲人寬厚外，最主要係因博雜多識之故。

呂希哲晚年學佛，亦可說是呂氏家學博雜之表現。其「更從高僧遊，盡
究其道。」（〈滎陽學案〉，頁 906）且認爲「佛氏之道，與吾聖人吻合。」（《宋
元學案》卷二十三，頁 906）企圖調和儒佛而熔於一爐：「斟酌淺深而融通之。」
（〈滎陽學案〉，頁 906）。

呂本中亦溺于禪，全祖望云其「溺于禪，則又家門之流弊乎！」（〈紫微

學案〉，頁 1233），呂祖謙雖然沒有學佛、溺禪，但他「知此理，則知百年之嫌隙可以一日解，終身之蒙蔽可以一語通，滔天之罪惡可以一念消」的說法（《麗澤論說集錄》卷二，頁 46），卻與佛教禪宗之頓悟說相近，似乎是受佛學影響之痕跡。

其家學雖「博雜」，但仍以儒家思想為宗，提倡《大學》、《中庸》之「治心養性」、「窮理盡性」、「正心誠意」等。如《宋元學案》中云呂公著：

> 自少講學，即以治心養性為本。平居無疾言遽色，于聲利紛華，泊然無所好。（〈范呂諸儒學案〉，頁 788）

呂希哲為宋哲宗說書，云：

> 正心誠意，天下自化。身不能修，雖左右之人且不能喻，況天下乎！（〈滎陽學案〉頁 903）

呂本中則：

> 平日學問，以窮理盡性為本。……學問當以《孝經》、《論語》、《中庸》、《大學》、《孟子》為本，熟味詳究，然後通求之《詩》、《書》、《易》、《春秋》，必有得也。既自做得主張，則諸子百家長處，皆為吾用。（〈紫微學案〉，頁 1234）

呂祖謙繼承家學，「正心誠意」、「治心養性」是他理學思想的重要內容。

當北宋覆亡、宋室南遷之際，中原文獻散失甚夥。而呂氏家族由於呂好問先生張邦昌政權中任職，後攜家南下時，南方已趨安定，故呂氏所藏歷史文獻得妥為保存。呂氏家學從呂公著以來，即對上下古今之歷史文獻廣泛涉獵，因此呂家有「中原文獻之傳獨歸呂氏，其餘大儒弗及也」（〈紫微學案〉，頁 1234）之美譽。

當時學者記其家學之特色，朱熹云：

> 呂家之學，大率在於儒禪之間，習典故。（《朱子語類》卷一三二，頁 3171）

李心傳《道命錄》云：

> 河嶽間氣，文獻故家。（卷八，頁 15）

清·全祖望則云：

> 先生之家學，在多識前言往行以畜德。（〈紫微學案〉，頁 1234）

其文獻傳家之內容，從以上引文中僅知「習典故」、「多識前言往行」，而此二

者所包含之範圍甚廣。若參之《文獻通考》，〔註2〕及呂祖謙之著作，可知有兼綜眾人之說，與典章制度記載之含意。如《呂氏家塾讀詩記》、《唐鑑音注》、《宋文鑑》、《大事記》、《歷代制度詳說》等，大多用文獻家綜羅之手法，兼綜眾說而成書。《呂氏家塾讀詩記‧朱序》云：

> 呂氏家塾之書，兼摠眾說，巨細不遺，挈領提綱，首尾該貫，既足以息夫同異之爭，而其述作之體，則雖融會通徹，渾然若出於一家之言。而一字之訓，一事之義，亦未嘗不謹其說之所自。（頁1）

其徵引諸家之說，然後斷以己意，對前人思慮不足處，亦不敢輕議之。朱熹說他「有意乎溫柔敦厚之教」。（頁2）而《宋文鑑》一書，孝宗謂「採取精詳、有益治道」。《年譜》《大事記》固為編年之史，而其解題則多借事以備制度之沿革。《歷代制度詳說》除制度外，又推求古代建制之原委與演變，此皆屬文獻中之典章制度。

　　《宋史》稱呂祖謙「學以關洛為宗，而旁稽載籍。」（卷四三四，頁12874），呂祖謙對典章制度的重視，與重禮的關學非常相近，但從其家學、師承關係追溯之，並未有傳關學者。〈東萊學案表〉記載呂祖謙係橫渠四傳（頁1650），或許因〈紫微學案表〉載呂本中是橫渠再傳之故（頁1231），然呂本中之從劉安世、楊時、游酢、陳瓘、尹焞、王蘋諸人遊，其中亦無橫渠門人。

　　呂祖謙傳關學之另一線索係浙東諸子，全祖望指出：

> 世知永嘉諸子之傳洛學，不知其兼傳關學。攷所謂「九先生」者，其六人及程門，其三則私淑也。而周浮沚（行己）、沈彬老（躬行）又嘗後藍田呂氏游，非橫渠之再傳乎？〔註3〕

南渡後之關學，由「元豐太學九先生」中之周行己傳於浙東，周行己再傳鄭伯熊、鄭伯謙，呂祖謙與鄭伯熊等係講友。鄭伯謙著《太平經國書》發揮《周

〔註2〕「文獻」二字，出於論語〈八佾篇〉「文獻不足故也」，鄭玄注：「獻猶賢也。我不以禮成之者，以此二國之君文章賢才不足故也。」朱熹注：「文，典籍也；獻，賢也。」馬端臨《文獻通考‧序》亦云，「文，典籍也。獻，賢也。」、「凡敘事則本之經史，而參之以歷代會要，以及百家傳記之書。信而有證者從之，乖異傳疑者不錄，所謂文也；凡論事則先取當時臣僚之奏疏，次及近代諸儒之評論，以至名流之燕談、稗官之記錄，凡一話一言可以訂典故之得失，證史傳之是非者，則採而錄之，所謂獻也。」（《文獻通考‧經籍考》新文豐出版公司1986年9月台一版。）

〔註3〕《宋元學案》卷三十二〈周許諸儒學案〉頁1131。周行己、許景衡、劉安節、劉安上、戴述、趙霄、張輝、沈躬行、蔣元中稱「元豐太學九先生」。

禮》之義，呂祖謙編《十七史詳節》即受其影響；體例相近，〈東漢書〉卷首並附鄭伯謙的漢南北軍之圖。〔註4〕

茲據《宋元學案·周許諸儒學案》列表如后：

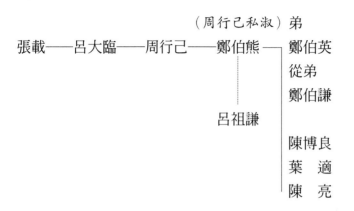

家學、關學之外，呂祖謙尚有洛學之淵源，其實洛學與文獻之統乃其家傳之學；其高祖呂希哲學於程頤，呂本中又學於洛學之尹焞，故黃宗羲曾列呂本中於〈和靖學案〉，雖全祖望已爲其別立一〈紫微學案〉，然而學案表上仍載其爲程門元城、龜山、廌山、了翁、和靖、震澤門人。由此觀之，關、洛之學至呂祖謙時集一大成，此與朱熹集理學大成不同，全祖望於〈東萊學案序錄〉云：

> 小東萊之學，平心易氣，不欲逞口舌以與諸公角，大約在陶鑄同類以漸化其偏，宰相之量也。……晦翁逐日與人苦爭，并詆及婺學。（頁1652）

在南宋學派壁壘分明之時，惟一能容納諸家，力主調和者，僅呂祖謙而已。

第二節 師友之影響

呂祖謙既承家學及中原文獻之統，復兼傳關、洛之學，故其得之於前人者較乾、淳諸儒爲厚，加上師友之啓發、互動，使其胸襟開闊，包容並兼取

〔註4〕參見《十七史詳節二百七十三卷》明隆慶己巳（三年）陝西布政司刊本一百六十冊中之第四十一冊，及明正德丙子（十一年）建陽劉氏慎獨齋刊本六十四冊中之第十五冊。此二書現藏臺北國立中央圖書館善本書室，列史部紀傳類彙編之屬。

各家之長，茲將其師、友略述如後。

一、師　承

（一）林之奇

呂祖謙最先從林之奇遊學。林之奇，字少穎，一字拙齋，福建侯官人，係呂本中之學生，學者稱三山先生。時呂大器爲福建提刑司幹官，呂祖謙隨侍於福唐（《年譜》頁2），〔註5〕林之奇待次河州長汀尉，呂祖謙有詩描寫當時與陳伯秀同遊三山林少穎之門的讀書情形：

> 異時夫子門，論交心獨可。
>
> 晨窗並几案，暮檠共燈火。
>
> 同升大宗伯，道阻山岐硪。……（《呂太史外集》卷五，頁708〈過九江贈同舍陳伯秀〉）

可見學習之勤奮。〈紫微學案〉云：

> 三山之門，當時極盛，今其弟子多無可攷，而呂成公其出藍者也。（頁1244）

林之奇著作中有《尚書全解》一書，說經十分條暢，書中排斥王安石之新經義，並有許多獨到見解，可惜只解至〈洛誥〉而已。呂祖謙著《東萊書說》則始〈洛誥〉而終〈秦誓〉，用意在補師說之不足。後弟子加以增修，已離呂祖謙本意。從而可見呂祖謙《尚書》學係受林之奇影響。

（二）胡　憲

紹興三十年（西元1160年），呂祖謙曾從胡憲、汪應辰游學。胡憲，字原仲，福建崇安人，胡安國之姪子。從胡安國學，即會悟程氏之說。紹興中，禁伊、洛學，胡憲獨與鄉人劉勉之暗中討論、誦讀，既從譙定學《易》，及悟學爲克己工夫。後歸隱故山，力田賣藥以奉養其親，從其學者頗多，以「爲己之學」傳授諸生（〈劉胡諸儒學案〉，頁1397）。呂祖謙經學素養之廣博，及

〔註5〕「福唐」，唐初爲長樂縣地，五代梁王氏改稱「永昌」，唐復曰「福唐」，尋又改曰「福清」。石晉時改稱「南臺」，後又復舊。元代升爲「福清州」，故城在今福建福清縣東南。明復爲縣，即今治。清屬福建福州府，民國初屬福建閩海道。今福建省地圖於福州市下方有福清縣地名。（參見楊治明繪《中國地圖集》頁20，澳門新興出版公司西元1986年增訂第十二版。及謝壽昌等編《中國古今地名大辭典》頁1113，臺北市臺灣商務印書館西元1975年十一月臺四版）。

爲學注重「爲己之學」，頗受胡憲之影響。

（三）汪應辰

汪應辰，字聖錫，信州玉山人，本農家子弟，喻湍石爲玉山尉時，一見甚奇，以女兒許之，並以書充嫁妝，汪應辰遂得聞伊洛之學。十八歲登進士第，後爲張九成之學生。張九成係楊時弟子，朱熹與呂祖謙先後遊學汪應辰之門，故二人同出於楊時，係程門之四傳。由於同門關係，二人成爲知己。

汪應辰曾任端明殿學士，故有「汪端明」之稱。《年譜》記載乾道五年（西元 1169 年），呂祖謙曾至三衢（今浙江衢縣）拜訪汪應辰，居留十日，後函汪應辰云：

> 近造函丈，非惟積年依鄉之誠得以開釋，而旬日獲聽教誨，警省啓發，周決篤至，敬當服膺佩載，不敢廢忘……。（《呂太史別集》卷七，頁 3）

文集中尚保留呂祖謙給汪應辰的信十六封，信中討論時事、學政、進修狀況，且常提及朱熹與劉子澄，可見二人來往之密切。呂祖謙之妻弟韓淲云：

> 汪聖錫內翰曾接呂舍人講論，最爲平正，有任重之意，伯恭得于汪爲多。（《澗泉日記》卷中，頁 10）

可見呂祖謙受汪應辰影響很大。全祖望評汪應辰云：

> 先生于學，博綜諸家。其知福州也，延致李延年講道，甫至而卒。其骨鯁極似橫浦，多識前言往行似紫微，未嘗佞佛，粹然爲醇儒。（〈玉山學案〉，頁 1455）

（四）劉勉之

〈東萊學案表〉載呂祖謙係白水、玉山（汪應辰）、三山（林之奇），芮氏（芮燁）門人。「白水」即劉勉之，字致中，建州崇安人，人稱劉白水先生。少以鄉舉入太學，時蔡京嚴禁元祐之書，劉勉之訪得其書藏之，深夜下帷燃膏，潛鈔而默誦，又學《易》於譙天授。後厭棄科舉而南歸，向劉安世、楊時請益，並結茅廬於山中讀書，力耕自給，常與胡憲、劉屏山講論切磋。紹興年間特召詣闕，因與秦檜不合而稱病歸，杜門十餘年，而上門求教者甚多。（〈劉胡諸儒學案〉，頁 1395）

（五）芮 燁

「芮氏」即芮燁，字仲豪，一字國器，吳興人。紹興進士，歷國子司業、

祭酒，對諸生猶如待重客，聞人有善，則欣然道之。（〈趙張諸儒學案〉，頁1420），時呂祖謙爲學官，芮燁爲國子司業，二人共修學政，極爲相得。呂祖謙與陳傅良、陳亮、蔡幼學、陳武，同爲芮燁之門生，淳熙元年，呂祖謙有〈哭芮祭酒〉十詩。其自云：「祭酒芮公既沒四年，門人呂某始以十詩哭之。」（《呂東萊先生文集》卷十一，頁449）

（六）張九成

呂祖謙之師承，除以上數人外，有資料可循者尚有張九成。九成，字子韶，錢塘人，楊時之學生。自號橫浦居士，亦稱無垢居士。

〈橫浦學案表〉載呂祖謙之岳父韓元吉爲橫浦門人，而呂祖謙何時從張九成學，史傳及《年譜》均未記載，僅從陳傅良之〈跋陳求仁所藏張無垢帖〉中得知。其云：

> 余嘗聞呂伯恭父云：「某從無垢學最久，見知愛最深，至今亡矣，念無以報，獨時時戒學者無徒誦世所行《論語解》，以爲無垢之學盡在是也。」始余與伯恭父有爲言之也，今見求仁先大夫與往還書，說《論語》一事甚悉，蓋〈雍也〉以前，無垢已恨早出，餘所著未嘗示人。無垢無多著書，而《論語解》要非成書，學者但尊信之，以此窺見無垢，宜伯恭云爾也，則世之知無垢者，何如哉？（《止齋文集》卷四十二，頁4）

乾道六年（西元1170年）陳傅良入太學，與當時爲太學講官之呂祖謙往來密切，以上引文當是此時之言，則呂祖謙從張九成學，可能在少年時期。

二、友　人

除家學和師承外，亦受當代學術思潮之影響，當時學術動態大多經由書信傳遞，呂祖謙與當代學者接觸頻繁，且交情深厚，茲將交往較密切者，依長幼爲序，略述如次：

（一）薛季宣（字士龍）

呂祖謙與薛季宣之交往開始於乾道七年（西元1171年）。其〈薛常州墓誌銘〉云：

> 歲在壬午，先君子守黃，公夾江爲令，歸以公所爲語某，固已瞿然自失。後十載，乃識公於朝，一見莫逆如故交。（《東萊呂太史文集》

卷十，頁 11）

對其人其事早有所聞，心儀已久。十年後始相識於朝，一見如故，而成莫逆之交。此篇墓誌銘長達三千五百餘字，係《文集》中最長之墓誌銘。薛季宣於乾道九年（西元 1173 年）春，由湖州知州改任常州知州，上任前，先返溫州家鄉，途經金華羈留半月，呂祖謙函陳亮云：

> 薛士龍過此，留半月，徐居厚（薛季宣之學生）來此留十日，皆極款。士龍歷此一番，履險知難，與向時不同，途中曾相見否。（《東萊呂太史別集》卷十，〈與陳同甫〉頁 4）。

薛季宣及其學生於呂祖謙處各住半月及十日，相處甚歡，呂氏認爲薛季宣經過一番歷驗，想法與往昔不同。對薛氏之博學，呂祖謙甚佩服，與朱熹云：

> 薛士龍自湖歸溫，經從相聚半月，甚疑渠甚願承教而無繇也。……向來喜事功之意頗銳，今經歷一番，卻甚知難，……然胸中坦易無機械，勇於爲善，於世務二三條如田賦、兵制、地形、水利，甚曾下工夫，眼前殊少見其比。（《東萊呂太史別集》卷七〈與朱侍講〉，頁 15～16）

薛季宣與朱熹相識，係經由呂祖謙之引介。其云薛季宣之博學、心胸坦蕩、勇於爲善，「於世務如田賦，兵制、地形、水利，甚曾下工夫」，目下甚少人比得上他。薛季宣去世，呂氏向朱熹報訊時云：

> 薛士龍七月後以疾不起，極可傷；其爲人坦平堅決，其所學確實有用。春來相聚，比舊甚虛心，方欲廣咨博訪，不謂其止此也！（《東萊呂太史別集》卷八〈與朱侍講〉，頁 1）

〈與陳同甫書〉云：

> 春間猶幸相聚半月，語連日夜，所欲相與肄習者，布置甚長，渠亦不謂遽至此也。（《東萊呂太史別集》卷十，頁 5）

薛季宣之遽然逝世，呂祖謙甚爲惋惜，二人常相論學，薛季宣著有《書古文訓》十六卷，呂氏認爲薛季宣所學確實有用，呂祖謙云：

> 百工治器，必貴於有用，器而不可用，工弗爲也；學而無所用，學將何爲也邪。（《呂東萊先生文集》卷二十〈雜說〉。收入《叢書集成新編》第七十四冊，頁 501）

呂祖謙之強調學以致用，受薛季宣影響頗多。

（二）周必大（字子充）

呂祖謙寄周必大信函，至今仍存有十八封之多，從中可看出二人相知之

深；凡論學、調職、友朋間動向，國事、私事，無所不談。信中曾數次論及調差事：

> 祠祿至十二月初乃滿，……若是時吾丈猶在朝，爲致一言甚幸。（《東萊呂太史別集》卷九，〈與周丞相〉頁3）

> 欽夫既按吏未報，而復遣本州倅往攝事，彼安得不猜懼。（同上）

> 元晦聞丐祠甚力，前此固嘗勉其耐煩，度終不能俯仰，久必多與物迕，不若聽其去，乃所以全之也。

> 元晦爲人不耐，……不若調護，且令得祠。（同上，頁4）

> 舍弟乞岳祠，初恐歉歲難度，……舍弟介僻，薄於聲利，初展緘猶憮然悔有求之非，曉譬之乃解。（《東萊呂太史別集》卷九，頁6）

宋代設「祠祿」之官，以佚老優賢。有祿，而無職事，以示優禮。呂祖謙欲復得一兩任，以便「於句讀訓詁間或粗有毫分之益」（《東萊呂太史別集》尺牘三，頁3〈與周丞相〉）故請周必大「爲致一言」。至於元晦（朱熹），呂祖謙甚瞭解其爲人耐不得煩，故建議周必大不如隨他去，讓他（朱熹）得祠祿。

周必大拜左丞相時，呂祖謙已因手足攣瘁，在家休養。雖寫字艱困，已至寫一百多字需停筆五六次，然仍殷殷致函關切：

> 聞公得政，雖爲廟社生民賀，然天下之望，稱塞實難，亦私爲公憂之，……至於虛懷盡下，以公滅私，雖公之所素期，然歐陽公每以平心自許，濮議之成，蓋在治平之後，辭氣尚有餘怒，況諸公交疏之際乎，以此知臨事之難也。（《東萊呂太史別集》卷九〈與周丞相〉，頁4～5）

情眞意摯流露字裏行間，亦因相知甚深，故能有此。其致劉子澄信中談及與周必大常相往來，在「善類」漸稀之際，周氏之留任對正道大有助益：

> 子充兄弟計常相過。

> 子充無三日不往來，善類方孤，得其復留，於正道極有助，但忌之者亦多，殊岌岌耳。（《東萊呂太史別集》卷九，〈與劉衡州〉，頁8）

呂祖謙之病已成痼疾，復原之希望渺茫，常囑周必大保重身體，「爲善類護重」、「爲斯文毖重」。周必大賞識呂祖謙之博學多才，曾向孝宗推薦其校正《聖宋文海》一書。書成，周氏乞賜名《皇朝文鑑》，並爲之作序。從以上可見二人相知之深。

（三）朱熹（字元晦）

南宋時，朱熹、張栻、呂祖謙三人齊名，世稱「東南三賢」。朱熹為宋代理學集大成者，張、呂均去世早，學術成就未達顛峰。全祖望云：

> 朱、張、呂三賢，同德同業，未易軒輊。張、呂早卒，未見其止，
> 故集大成者歸朱耳。（〈東萊學案〉頁 1679）

朱熹、呂祖謙二人曾先後師事胡憲，有同門之誼。二人交往密切，除書信往返外，尚長途跋涉互相拜訪，或結伴而遊。呂氏曾至福建寒泉精舍，與朱熹一同研讀周敦頤、張載、程顥、程頤之理學著作，並掇取其大體而切於日用者，編為《近思錄》，以作理學之入門教材。又為朱熹之《伊洛淵源錄》作序。朱熹修建白鹿洞書院，請呂祖謙作〈白鹿洞書院記〉，敘述書院創建及變遷始末。雖二人在學術上許多見解不甚合；尤其史學方面，朱熹對呂祖謙批評頗多，然而卻不影響友情。兩人常彼此推崇；呂氏稱朱熹之學術成就「就實入細，殊未易量」（〈東萊學案〉），朱熹稱呂祖謙治學精密為古今未有，〔註6〕從以上可看出彼此在學術上之尊重。

呂祖謙與朱熹書信往返頻繁，或論學、或告知學者間動態，或彼此交換訂正著作、關切生活起居等。朱熹之《論語精義》、《西銘解》、《太極圖說解》初稿，均先請呂祖謙過目，呂祖謙云：

> 《論語精義》近得本，日夕玩繹，類聚皆在目前，工夫生熟歷然可見。……序引中說魏晉及近世講解，此意尤好。但中間說橫渠及伊川門人處，如伯夷、伊尹……卻似筋骨太露耳，更潤色令意微而顯乃善。（《東萊呂太史別集》卷八，〈與朱侍講〉頁9）

> 《太極圖解》近方得本玩味，淺陋不足窺見精蘊，多未曉處，已疏於別紙。（《東萊呂太史別集》卷七，〈與朱侍講〉頁6）

> 示下《太極圖》、《西銘解》當朝夕玩繹，若猶有未達，當一一請教，亦不敢示人也。……意有未安，要須反覆講論。（《東萊呂太史別集》卷七，〈與朱侍講〉頁11）

呂祖謙對朱熹之初稿均審慎研究，若有不妥，即直言之。朱熹編纂《二程遺書》、《二程外書》、《伊洛淵源錄》等，亦與呂祖謙商榷，並請代為搜訪資料，

〔註6〕 「朱子與祖謙友善，平日每譏其學之稍雜，而獨於《大事記》稱譽不置，嘗謂其精密為古今未有。」參見《文淵閣四庫全書》第三二四冊〈大事記提要〉頁2。

呂祖謙云：

> 《外書》、《淵源錄》亦稍稍裒集，得數十條，但永嘉文字殊未至，亦妻（屢）督之矣。(《東萊呂太史別集》卷八，〈與朱侍講〉頁 3)
>
> 《淵源錄》事，書薰本復還納，此間搜訪可附入者併錄呈，但永嘉文字要往督趣，猶未送到，旦夕陳君舉來當面督之也。……大抵此書其出最不可早，與其速成而闊略，不若少待數年而粗完備也。汪文說高抑崇有伊洛文字頗多，……若得此，則所增補者必多。(《東萊呂太史別集》卷八，〈與朱侍講〉頁 10～11)。

呂祖謙為朱熹搜訪、抄錄資料，並代向永嘉諸人催稿件，待得悉高抑崇處有關伊洛之資料甚多，又建議朱熹暫緩出書，或許類此之漏網資料尚多，寧可仔細訪求，俾更完備再付印。信中洋溢著滿懷熱誠及關切之情。

在涵養與治學方法上二人見解迥異，呂祖謙偏重涵養，對朱熹的喜歡較勝負常提出鹹砭；朱熹則偏重義理鑽研，對呂祖謙的經史並重，深不以為然。為此雖常有針鋒相對之爭辯，然始終未鬧過意氣。呂氏之謙恭，對朱熹治學必有影響，朱熹與陸九淵之學術爭辯，到晚年歸於調和，朱熹已稍改變早年之尖銳，信中亦能自我檢討，其云：

> 伯恭天資溫厚，所以議論事理和平寬大、委婉而曲折；我的本質過於暴悍，所以議論事理多半奮發直前，私下衡量，兩者都不是中庸之道；我的氣盛常自傷傷物，呂伯恭也不可過於偏向相反的一方面 (《朱子文集》卷七，頁 321)

朱熹甚推崇呂祖謙之學識及教育方法，曾遣其子朱塾至呂氏門下受學。呂祖謙去世後，朱熹曾為文祭之，對其為人與學養備極推崇：

> 伯恭有著龜之智，而處之若愚；有河漢之辯，而守之若訥。胸中有雲夢之富，而不以自多；詞章有黼黻之華，而不易其出，此固今之所難，而未足以議兄之彷彿也。孝友絕人，而勉勵如弗及；恬淡寡欲，而持守不少懈；盡言以訥忠，而羞為訐；秉義以飭躬，而恥為介。是則古之君子尚或難之，而吾伯恭猶欿然而未肯以自大也。蓋其德宇寬宏，識量閎廓，既海納而川渟，豈澄清而撓濁，矧涵儒於先訓，紹文獻於厥家……(《朱子文集》卷十五，頁 281～282)

從引文中可見朱熹對呂祖謙相知之深，推崇之至，因此《朱子語錄》中對呂氏之批評亦頗能道出其病。

（四）張栻（字敬夫）

張栻曾師事胡宏，倍受賞識，認爲聖門有傳人。呂祖謙自入仕途，與張栻兩度共事，有同僚之誼。乾道五年（西元 1169 年），呂祖謙任嚴州州學教授，張栻爲太守，呂氏在〈與潘叔度〉函中盛讚張栻：

> 張守舉措詳審，問學平正而又虛心從善，善類中甚難得也。如〈知言〉中所疑，往往適同，朝夕相與講論，甚可樂……。（《東萊呂太史別集》卷十，頁 21）

二人在嚴州「朝夕相與講論」，曾討論胡宏之〈知言〉，找出數十條可疑處，見解往往「適同」。呂祖謙與他人信中，亦常提及「張丈」（張栻），與朱熹函：

> 某前日復有校官之除，方俟告下迺行，而張丈亦有召命，旦夕遂聯舟而西矣。（《東萊呂太史別集》卷七〈與朱侍講〉，頁 7）

呂祖謙除太學博士，張栻亦召爲吏部郎兼侍講，二人聯舟西上臨安，在臨安「連牆」而居，往來更密切，其云：

> 張丈又復連牆，得朝夕講論。
>
> 張丈在此，得以朝夕諮請，雖於習察矯警，不敢不勉。（《東萊呂太史別集》卷七，頁 6～8〈與朱侍講〉）

在朝夕講論之下，二人思想、觀念互相影響，呂祖謙〈與張荊州（張栻）〉書云：

> 某質魯材下，雖竊有意於學，而顝蒙鄙塞，莫知入德之門，願承下風而請餘教。
>
> 平時徒恃資質，工夫悠悠，殊不精切。兩年承教，可謂浹洽，然於要的處，或鹵莽領略，於凝滯處，或遮護覆藏，爲學不進，咎實繇此。（《東萊呂太史別集》卷七，頁 5）

呂祖謙自云「質魯」，工夫不精切，虛心向張栻請教，並認爲年來之講論，受益良多，可謂「浹洽」。而史學方面，張栻亦曾向呂氏請教，呂祖謙於函中誠懇覆之：

> 觀史先自《書》始，然後次及《左氏》、《通鑑》，欲其體統源流相承接耳。國朝典故亦先考治體本末，及前輩出處，大致於大畜之所謂畜德，明道之所謂喪志，毫釐之間，不敢不致察也。但恐擇善未精，非特自誤，又復誤人。（《東萊呂太史別集》卷七，〈與張荊州〉頁 5）

呂氏將治史經驗一一道出，語氣誠摯，毫無保留，可見二人情誼之深篤。陳

北溪〈張呂合五賢祠說〉云：

> 南軒守嚴，東萊爲郡文學，是時南軒已遠造，猶專門固滯，及晦翁
> 痛與反覆辯論，始翻然爲之一變，無復異趣。東萊少年豪才，藐視
> 斯世，何暇窺聖賢門戶，及聞南軒一語之折，愕然屏去故習，道紫
> 陽，沿濂洛，以達鄒魯。（〈東萊學案〉頁 1678）

從引文可窺見張栻對呂祖謙影響之大，將「少年豪才，藐視斯世」之呂祖謙，
引入「道紫陽，沿濂洛」以達聖賢門戶。呂氏用功大多在實學上，對道體方
面的深入稍遜於張栻，因此張栻常對呂祖謙提出忠告；諸如學生求學之動機，
若僅在科舉上，則先懷求利之心，怎能引導其求義理？又謂呂祖謙似乎缺乏
果斷，有牽滯姑息之病……。如此諍言，實在難得。

　　張栻先呂祖謙一年去世，時呂氏正臥病中。其〈祭張荊州文〉曰：

> 昔者某以郡文學，事公於嚴陵，聲同氣合，莫逆無間，自是以來，
> 一紀之間，面請書請，區區一得之慮，有時自以爲過公矣，及聞公
> 之論，綱舉領挈，明白嚴正，無繳繞回互激發偏倚之病，然後釋然
> 心悅，爽然自失，邈然始知其不可及，此某所以願終身事公而不去
> 者也。某天資澀訥，交際酬酢，心所欲言或口不能發明，獨與公合
> 堂同席之際，傾倒肺腑，無所留藏，意所未安，辭氣勁切。（《呂東
> 萊先生文集》卷九，收入《叢書集成新編》第七十四冊，頁 440）

敘述與張栻間之互動與啓發，皆從小處娓娓道來，令人倍感情眞意摯，其與
張栻之投契益形眞切。

（五）陸九齡（字子壽）

　　乾道九年（西元 1173 年）八月、十月，陸九齡曾兩度至婺州（金華）拜
訪呂祖謙，並曾與呂氏同觀《實錄》（《東萊集·附錄》卷一，頁 9），雙方留
下深刻印象，呂祖謙函朱熹云：

> 撫州士人陸九齡子壽，篤實孝友，兄弟皆有立，舊所學稍偏，近過此
> 相聚累日，亦甚有問道四方之意，每思學者所以徇於偏見，安於小成，
> 皆是用工有不實。（《東萊呂太史別集》卷八〈與朱侍講〉，頁 1）

呂祖謙向朱熹推薦陸九齡，云其「篤實孝友」很有「問道四方」之意。與陳
亮函云：

> 陸子壽前此數日已行，極務實有工夫，可敬也。（《東萊呂太史別集》
> 卷十，〈與陳同甫〉頁 9）

信中對陸九齡之務實工夫甚爲敬佩。在朱熹與陸九淵之間，陸九齡與呂祖謙皆爲居中調和之人物，朱、呂對陸九齡印象較佳，因此鵝湖之會一開始，朱熹即有「子壽早已上子靜船了也。」（〈梭山復齋學案〉，頁1874）之歎。陸九齡晚年見解稍變，呂氏函朱熹云：

> 陸子壽前日經過，留此二十餘日，幡然以鵝湖所見爲非，甚欲著實看書、講論，心平氣下，相識中甚難得也。（《東萊呂太史別集》卷八〈與朱侍講〉，頁12）

陸九齡與呂祖謙論學，對鵝湖之會所論，又幡然以前見爲非，欲再下工夫研讀，誠然難得。陸九齡去世，呂祖謙於〈與朱侍講〉書中慨歎：

> 陸子壽不起，可痛。篤學力行，深知舊習之非。求益不已，乃止於此！於後學極有所關繫也，痛痛！（《東萊呂太史別集》卷八，頁14）

連呼「可痛」、「痛痛」，對如此「篤學力行」求益不止之人的早逝，痛惜不已。
復於〈陸先生墓誌銘〉中云：

> 方先生勇於求道之時，憤悱直前，蓋有不由階序者矣，然其所志者大，所據者實，有肯綮之阻，雖積九仞之功，不敢遂有毫釐之偏，雖立萬夫之表，不敢安公聽並觀，卻立四顧，弗造於至平至粹之地弗措也。（《東萊集》卷十三，頁6）

相知之深，由此可見。

（六）陳傅良（字君舉）

陳傅良爲學獨出心裁，少年即享有盛名，先後師事鄭伯熊、薛季宣。全祖望云：

> 永嘉諸子，皆在艮齋（薛季宣）師友之間，其學從之出而又各有不同。止齋（陳傅良）最稱醇恪，觀其所得，似較艮齋更平實。（〈止齋學案〉，頁1710）。

又云：

> 陳止齋入太學，所得于東萊、南軒爲多。（〈止齋學案〉頁1711）

乾道年間，陳傅良至臨安遊，始識呂祖謙與張栻，陳傅良曾多次向呂祖謙請教宋朝典章制度及其演變，而主敬集義之功，則多從張栻得之（《宋史》卷四三四，頁12886），據吳荆溪《林下偶談》載，陳傅良係呂祖謙「以譽望取士」

而錄取者。〔註7〕吳荆溪從棄適學，對永嘉典故甚熟，此說或許可信。

　　陳、呂二人來往密切，陳傳良有詩云：

　　　　……念昔會合時，心事得傾倒。倚廬魚鼓夜，聯轡雞人曉。退搜接

　　　　混茫，細剖入幽眇。……（《止齋文集》卷一，頁6）

兩人相契，聯轡共遊觀賞景色，若討論學問，則剖析入微。乾道八年（西元
1172年），呂祖謙丁父憂返婺州，陳傳良亦出爲泰州教授，其間二人常以書信
論學，陳傳良雖力求折衷性理與事功，然呂祖謙仍覺其偏向事功。呂氏察覺
永嘉功利思想義理粗疏，對心術有害，故函中曾云：

　　　　喜事則方寸不凝定，故擇義不精，衛生不謹。

　　　　要須公平觀理而撤戶牖之小，嚴敬持身而戒防範之踰；周密而非發

　　　　於避就，精察而不安於小成。……義理無窮，子智有限，非全放下，

　　　　終難湊泊。（《東萊呂太史別集》卷十，〈與陳君舉〉頁1）

陳傳良仕宦於外，則書信不斷；返鄉，即經常拜訪呂祖謙，從呂氏與周丞相
（周必大）、朱熹函中，可見二人一直保持密切聯繫：

　　　　索居難得朋友，前月末偶陳君舉來，相聚山中數日，殊不落莫……。

　　　　（《東萊呂太史別集》卷九，〈與周丞相〉頁1）。

　　　　陳仲（君）舉已到官，近來議論卻簡徑，無向來崎嶇周遮氣象，甚

　　　　可喜也（同上書，卷八，〈與朱侍講〉頁5）。

　　　　永嘉事跡，亦當屬陳君舉輩訪尋。（同上書，卷八，〈與朱侍講〉頁2）。

　　　　永嘉文字要往督趣，猶未送到。旦夕陳君舉來，當面督之。（同上書，

　　　　卷八，〈與朱侍講〉頁10）。

由於保持密切聯繫，陳傳良之事呂氏知之甚稔。朱熹編纂《伊洛淵源錄》，呂
祖謙代其搜訪資料，永嘉前輩事跡則囑陳傳良撰稿。

　　陳傳良晚年爲學，觀點頗受呂祖謙影響，其〈答劉公度書〉云：

　　　　年來篤信六藝之學，兢業爲本。（《止齋文集》卷三十八，頁1〈答

　　　　劉公度二〉）

〔註7〕《林下偶談》卷四，頁41。（收入《叢書集成新編》第十一冊，頁532）。據
　　　云：「永嘉英俊如陳君舉、陳番叟、蔡行之、陳益之六七輩同時並起，皆赴太
　　　學補試。芮國器爲祭酒，東萊爲學官，東萊告芮公曰：『永嘉新俊不可不收拾。』
　　　君舉訪東萊，東萊語以一《春秋》題，且言破意，就試，果出此題，君舉徑
　　　用此破，且以語番叟，番叟，其從弟也，遂皆中榜。」

與〈沈叔晦書〉云：

> 六經之教與天地並，區區特從管窺見得，兢業一節足了一生受
> 用……。（《止齋文集》卷三十七，〈手書·與沈叔晦〉頁7）。

「六藝之學，兢業爲本」、「兢業一節，足了一生受用」，是陳傅良晚年研究六經之心得，並以此勉呂祖儉：

> 六藝之義，兢業爲本。詩可以言，禮可以立，玩味服行，自覺麤疏，
> 此某近所窺見。（《止齋文集》卷三十七，頁1〈與呂子約二〉）

其實「兢業」之說，呂氏早年研究六經時已先發，時陳傅良始入太學，親聆呂氏論學。呂氏云：

> 兢業祇懼，是乃天心之所存，而堯舜禹湯文武所傳之大原也（《東萊
> 呂太史文集》卷五，頁5〈館職策〉）

> 保治兢業之心也，保治固當不忘兢業，苟惴惴然懼其變亂，加意而
> 治之，非過則不及矣。（《增修書說》卷三十二，頁14）

可見陳傅良係受呂祖謙之影響，陳傅良撰《毛詩解詁》二十卷，係以《呂氏家塾讀詩記》爲範本，見解與呂祖謙相近。

（七）陸九淵（字子靜）

呂祖謙與陸九淵相識於乾道八年（西元1172年），時呂氏任禮部省試考官，陸九淵爲考生。二人從未有文字來往（《東萊呂太史文集·附錄》）卷二，頁9），呂氏卻能一眼認出陸九淵之文。可見其對陸之文章甚熟，且極賞。淳熙二年（西元1175年），呂祖謙爲調停朱熹與陸九淵間之學術異同，發起鵝湖之會，欲使朱、陸兩家會歸於一，奈何會中朱、陸互駁，各不相讓。對其二人之爭論，呂祖謙雖有「元晦英邁剛明，而工夫就實入細，殊未可量；子靜亦堅實有力，但欠開闊」（《東萊呂太史別集》卷十，〈與陳同甫〉頁6）之評語，然其對二人實無所偏。黃震記呂祖謙對朱、陸之態度云：

> 晦翁與先生同心者，先生辯詰之不少恕。象山與晦翁異論者，先生
> 容下之不少忤。（《東萊學案》，頁1679）

呂氏〈與劉衡州（子澄）〉書云：

> 吾儕所以不進者，只緣多喜與同臭味者處，殊欠泛觀廣接，故於物
> 情事理多所不察，而根本滲漏處，往往鹵莽不見，要須力去此病乃
> 可。（《東萊呂太史別集》卷九，頁8）

呂祖謙認爲在學術問題上應「泛觀廣接」，取他人之長，補己之短，勿排斥異己。此外，呂氏在〈與邢邦用〉書中亦云：

> 近已嘗爲子靜詳言之，講貫誦繹，乃百代爲學通法，學者緣此支離泛濫，自是人病，非是法病，見此而欲盡廢之，正是因噎廢食……。
> （《東萊呂太史別集》卷十，頁 22）。

鵝湖之會中，陸九淵自云「易簡工夫終久大」，而譏朱熹「支離事業竟浮沈」（〈象山學案〉頁 1886），故呂氏有「古離泛濫，自是人病」之說。其爲陸九淵詳言；講解訓繹雖支離，卻是歷代教學之通則，故不宜廢去。由於呂祖謙經常居中調停朱、陸，雙方關係漸趨緩和，淳熙八年（西元 1181 年），陸九淵曾至南康拜訪朱熹，並應邀至白鹿洞書院講學。陸九淵晚年曾自悔其偏重，曰：

> 比年以來，日覺少異，更嘗頗多，觀省加細，追惟曩昔，戇心浮氣，徒致參辰，豈足酬議。（《東萊呂太史文集·附錄》卷二，〈祭文一〉頁 9）

對於此點，黃宗羲於〈象山學案〉云：

> 蓋自述其過于鵝湖之會也。（〈象山學案〉頁 1886）

陸九齡去世時，九淵去函呂祖謙乞墓誌銘，呂氏揮筆立就。誰料未滿一月，呂祖謙亦逝，惡耗傳來，陸九淵「心裂神碎，與二三子慟哭蕭寺」（《東萊呂太史文集·附錄》卷二，〈祭文一〉頁 10）。可見交情之深厚。其形容呂祖謙：

> ……外朴如愚，中敏鮮儷，晦嘗致侮，彰或招忌；纖介不懷，惟以自治，侮者終敬，忌者終愧。遠識宏量，英才偉器，……顏曾其學，伊呂之志，久而益專，窮而益屬，約偏持平，棄疵養粹，……停澄衍溢，不見涯涘。（《東萊呂太史文集·附錄》卷二，〈祭文一〉頁 9）。

雖不乏溢美之辭，然可從其描述中見出呂氏其人、其學之特色。

（八）陳亮（字同甫）

陳亮與呂祖謙相識甚早，據陳亮與朱熹函云：

> 亮二十歲時，與伯恭同試漕台，所爭不過五、六歲，亮自以姓名落諸公間，自負不在伯恭後。而數年之間，地有肥磽雨露之養，人事之不齊，伯恭遂以道德爲一世師表。（《龍川文集》卷二十，頁 577〈又甲辰答書〉）。

陳亮二十歲時，在臨安爲周葵上客，此時名氣已大，當與呂祖謙有交往，陳

亮入太學時，呂祖謙爲講官，二人常往來論學，陳亮的皇帝王霸之學，考論古今的沿革，與呂祖謙的注重古今制度，極爲相近，陳亮亦好言事功，與呂氏在史學上氣味最爲相投。乾道八年（西元1172年），呂祖謙丁父憂，講學明招山，此時陳亮正熱衷於王霸之學，二人書信往來頻繁。淳熙六年（西元1179年），呂氏感末疾請祠，返婺州養病，二人往返更形密切。陳亮云：

> 伯恭晚歲與亮尤好，蓋亦無所不盡，箴切誨戒，書尺具存。（《龍川文集》卷二十，頁577〈又甲辰答書〉）。

又云：

> 亮平生不曾會（疑衍字）與人講論，獨伯恭於空閑時喜相往復，亮亦感其相知，不知其言語之盡。（《龍川文集》卷二十，頁581〈丙午復朱元晦秘書書〉）

他以呂祖謙爲生平知己，二人無所不談，談無不盡。葉適亦云：

> 呂公伯恭退居金華，同甫間往視之，極論至夜分，呂公歎曰：「未可以世爲不用，虎帥以聽，誰敢犯子。」（《龍川文集·序》）。

陳亮常至婺州拜訪呂祖謙，往往暢談至三更半夜，呂氏尤讚賞陳亮的兵略，並爲他的不得世用而惋惜不已。陳亮在科舉上的不得意，亦能從呂氏處得到安慰。陳亮曾云：

> 三、四年來，伯恭規模宏闊，非復往時之比，敬夫、元晦已願在下風矣。（《龍川文集》卷二十一，頁584〈與吳益恭安撫〉）。

陳亮對呂氏之博學深爲佩服，常寄文稿請其過目，對此，呂祖謙甚爲欣慰。其〈與陳同甫〉書云：

> 伏蒙封示《孟子提要》，謹當細觀深考，卻得一一請教。年來甚苦，共爲此學者寥落，索居蔽蒙，日以自懼，今得兄坐進於此，遂有咨訪切磨之益，喜不自勝，苟心有所未達，當往返論辨。（《東萊呂太史別集》卷十，頁1）

> 示及近作，展玩數過，不能釋手，如鄧秋贊斷句，抑揚有餘味，蓋得太史公筆法：武侯贊拈出許靖康成事，尤有補於世教。（《東萊呂太史別集》卷十，頁4）。

呂祖謙閱罷陳亮著作，喜悅之情溢於言表，尤對陳亮的〈酌古論〉讚許有加，稱「蓋得太史公筆法」、「尤有補於世教」。淳熙五年（西元1178年），陳亮上書孝宗，引起朝廷軒然大波，呂祖謙勸他：

驅山塞海，未足爲勇，惟欲收不可欲之氣，伏槽安流，乃眞有力者

也。(《東萊呂太史別集》卷十，〈與陳同甫〉頁 10)。

天資之高，得氣之清，其所以迎刃破竹者，何莫非此理，不知其所

自，則隨血氣盛衰，此一段精明不能常保。論至於是，則所謂克己

者，雖若陳言，要是不可易耳！(《東萊學案》頁 1669)

呂祖謙力勸他收斂意氣，陳亮經此挫折，對涵養品性之勸導頗能接受，因此
呂祖謙函朱熹云：

陳同甫近一二年來，卻翻然盡知向來之非，有意爲學，其心甚虛，

而於門下鄉慕尤切。(《東萊呂太史別集》卷八，〈與朱侍講〉頁 10)

呂氏有意調合重史的浙學與重經的理學，故經常向朱熹推薦陳亮。朱熹從呂
祖謙處得知陳亮出版有關伊洛之書，亟思一睹，於是呂氏函陳亮：

三先生論事錄、禮書補遺、及本政書續刊已了者，入城幸各攜一帙

來，蓋朱元晦累書欲得之也。(《東萊呂太史別集》卷十，〈與陳同甫〉

頁 9)

可見呂祖謙對調和朱、陳不遺餘力。

　　朱熹的性理之學，與陳亮的事功之學互相排斥，理論見解如水火之不容。
呂祖謙去世後，朱、陳二人書信往來辯論王霸之學，顯得格格不入，令陳亮
更懷念呂祖謙。其函辛棄疾云：

四海所係望者，東序惟元晦，西序惟公與子師耳，又覺憂憂然不相

入，甚思無個伯恭在中間攔就也。(《龍川文集》卷二十一，頁 582

〈與辛幼安殿撰〉)。

陳亮亟思能有個呂祖謙居中調和，他與朱熹之關係或許緩和些。朱熹卻不如
此想，他連呂祖謙一併責備：

陳同父縱橫之才，伯恭不直治之，多爲諷説，反被他玩。(《朱子語

類》卷一二三附〈陳同父〉)

呂伯恭烏得爲無罪？恁地橫論，卻不與他剖説打教破，卻和他都自

被包裹在裏，今來伯恭門人卻亦有爲同父之説者，二家打成一片，

可怪。(《朱子語類》卷一二三，頁 2965〈陳君舉〉附)。

朱熹埋怨呂祖謙對陳亮「不直治之」，反而被陳亮的縱橫之才所玩弄，又怪呂
氏門人亦與陳亮一夥，兩家打成一片。

其實南宋學術三派之中，呂祖謙兼取眾長。〔註8〕除取朱學、陸學之長，並以中原文獻之統潤色之外，又兼取永嘉、永康事功之學，形成重務實與經世致用之史學。此史學實際上即事功之學。胡鳳丹於《大事記‧序》中云：

> 理學昌於宋，而通史學者有呂成公。

彭飛亦於《歷代制度詳說序》云：

> 凡性命道德之源講之已洽，而先生尤潛心於史學，似欲合永嘉、紫陽而一之也……。

朱熹則譏之曰：

> 伯恭於史分外子細，於經卻不甚理會。……義剛曰：「他也是相承那江浙間一種史學，故恁地。」曰：「史甚麼學？只是見得淺。」(《朱子語類》卷一二二，頁 2951〈呂伯恭〉)。

呂祖謙之史學確與江浙間的學術相通，他與永嘉、永康事功學者交往密切，其代表人物如薛季宣、陳傅良、陳亮、葉適等，或常至呂家論學，或書信往返頻繁，朱熹曾批評呂祖謙：

> 伯恭之學，大概尊《史記》。不然，則與陳同甫說不合。同甫之學正是如此。(〈東萊學案〉，頁 1676)

> 其學合陳君舉、陳同甫二人之學問而一之。永嘉之學，理會制度，偏考究其小小者。

> 惟君舉為有所長，或正則（葉適）則渙無統紀，同甫則談論古今，說王說霸，伯恭則兼君舉、同甫之所長。(〈東萊學案〉，頁 1676)

葉紹翁亦云：

> 考亭（朱熹）……嘗謂門人曰：「以伯恭、君舉（陳傅良）、陳同父（陳亮）合做一個方纔是好(《四朝聞見錄》甲集，〈止齋陳氏〉條，收入《叢書集成新編》第八十四冊，頁 82)。

從以上可見呂祖謙與永嘉、永康的事功之學，相互影響、發明，因而具有相同之特色，皆以經世致用為主。

〔註8〕 全祖望云：「宋乾、淳以後，學派分而為三：朱學也，呂學也，陸學也。三家同時，皆不甚合。朱學以格物致知，陸學以明心，呂學則兼取其長，而復以中原文獻之統潤色之。」(《宋元學案》卷十五一〈東萊學案〉頁 1653)

第三章　呂祖謙之生平與著作

第一節　生　平

　　呂祖謙，字伯恭，浙江婺州金華人，學者稱東萊先生。生於南宋高宗紹興七年（西元 1137 年），卒於孝宗淳熙八年（西元 1181 年），享年四十五歲。

　　祖先爲河東人，八世祖呂龜祥知壽州，因此遷壽春。六世祖呂夷簡自壽春遷開封，至曾祖呂好問始居婺州。呂祖謙家世顯赫；自九世祖呂夢奇以下，歷代均在朝爲官。七世祖呂蒙正，於太宗、眞宗兩朝三次拜相；六世祖呂夷簡，爲宋仁宗時名相；五世祖呂公著，亦在哲宗時居相位；高祖呂希哲，曾爲兵部員外郎、光祿少卿。曾祖呂好問，高宗時任尙書右丞，祖父呂弸中，官至右朝請郎，父親呂大器，爲右朝散郎。因之宋王明清於《揮麈前錄》卷二云：

> 本朝一家爲宰執者，呂氏最盛。呂文穆（蒙正）相太宗；猶子文靖
> （夷簡）參眞宗政事，相仁宗；文靖子惠穆（公弼），爲英宗副樞，
> 爲神宗樞使；次子正獻（公著），爲神宗知樞，相哲宗。正獻孫舜徒
> （好問），爲太上皇右丞。相繼執七朝政，眞盛事也。（《揮麈前錄》
> 卷二，頁 8，第四十三條）

從以上引文即可見其家世顯赫之一斑。

　　茲據史傳、方志、學案、及前人著述等，列呂祖謙世系簡表如後：

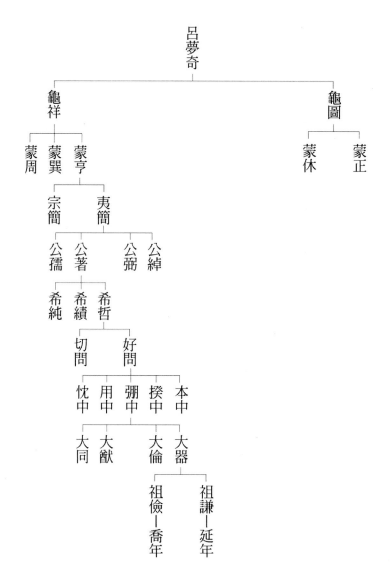

　　呂祖謙十歲以前均生活於其出生地──廣西桂林，當時其父任職桂林甥館，外公曾文清為廣西轉運使。(《年譜》頁1)紹興十六年（西元1146年），呂祖謙十歲時，因呂大器為江東提舉司幹官，於是隨父遷浙東。十二月，祖父呂弸中卒於婺州，故返婺州居任，並承祖父餘蔭補「將士郎」之小官，雖其職近乎吏，然呂祖謙當時年僅十二歲。

　　十五歲時，其父為浙東提刑司幹官，故隨侍於越。《宋史》稱其少年時個性極褊，某日讀《論語》的「躬自厚而薄責於人」，頓然省悟，此後遂終身無暴怒之氣。紹興二十五年（西元1155年），其父任福建提刑司幹官，呂祖謙亦

隨侍於福唐，因此有機會與福建三山林之奇問學，此時林之奇待次河州長汀尉（《東萊集附錄》卷一，頁 2）。林氏爲呂本中之學生（《宋史》卷四三三〈儒林三〉，頁 12861）次年，呂祖謙應考福建轉運司進士，舉爲首選。據《年譜》記載，此時有〈許由〉、〈清曉出郊〉等詩，〈許由詩〉係諷刺逃避堯禪位之許由，並表明自己入世之心。

紹興二十七年（西元 1157 年），呂祖謙已二十一歲。應禮部銓試只考下等第三，授迪功郎，監潭州南嶽廟，雖有祠祿而無職事。十月，其父任滿歸婺州，呂祖謙亦隨侍之，十二月二十九日，親迎知建州建安縣韓元吉之女爲妻。韓氏爲當時望族，子孫都能以學術自立。全祖望云：

> 北宋公相家之盛，莫如呂氏、韓氏，其子孫皆能以學統光大之。呂氏則滎陽學於伊川，紫微偏學於龜山、廣平諸公之門，仁武（弸中）、德元（稽中）學於和靖；而韓氏則德全（韓瓘）學於元城，先生（韓璜）學于武夷，无咎（韓元吉）學于和靖。東萊又无咎之婿，佳話也。（《宋元學案‧武夷學案》卷三十四，頁 1189）。

呂、韓二氏均係望族，故可謂門當戶對。

二十四歲時再參加銓部考試，列上等第二。其父亦以祠滿赴京，授岳州通判新職，呂祖謙隨父至京，住伯舅曾氏寓。當時胡憲、汪應辰均任職秘書省，呂祖謙皆曾從之問學，且獲益良多。〔註1〕紹興三十二年（西元 1162 年），韓夫人卒於臨安，是年冬，其子亦夭折。翌年，呂祖謙中禮部試，奏名第六，賜進士及第，改左迪功郎。又中博學宏詞科，特授左從政郎，改差南外敦宗院宗學教授（《東萊集附錄》卷一，頁 5）。《年譜》引中書舍人錢周材制詞云：

> 連中者亦寡，……兩科皆優選，宜有以旌其能，資敘超升。

呂祖謙長於詞章，又多識典故，故爲兩科之優選。

孝宗乾道二年（西元 1166 年），其父自池州召歸爲郎，先往臨安，呂祖謙侍母返鄉，至建康時，其母病逝歸途舟中，於是護喪歸婺。次年，葬母於

〔註 1〕胡憲，字原仲，崇安人，胡文定之從子，以「爲己之學」傳授學生（《宋元學案》卷四十三〈劉胡諸儒學案〉頁 1397）。呂祖謙爲學注重「爲己之學」，可能是受胡憲影響。

汪應辰，字聖錫，信州玉山人，學者稱玉山先生。（《宋元學案》卷四十六〈玉山學案〉頁 1453）。汪應辰從學於呂本中，受呂本中影響很大，故呂祖謙幼時即受學於汪應辰，他在〈端明汪公挽章〉之二云：「四海膺門峻，親承二紀中。論文從父祖，受教自兒童。」（《東萊呂太史文集》卷一，頁 11）

武義明招山,守喪期間學生仍前往講習。乾道四年(西元 1168 年)冬,授業於金華之曹家巷,立學規〈乾道四年九月規約〉,以「孝悌忠信爲本」,並作《左氏博議》令學子誦習,以應舉業,全書一百六十八篇之議論,係呂祖謙當時的學問心得,此書是早年的重要著作。

乾道五年(西元 1169 年),五月二十日,娶元配之妹爲繼室,六月除太學博士待闕,改添差嚴州州學教授,是年修訂教學規約,以「講求經旨,明理躬行爲本」,其教育理念大致完成,並奠定晚年講學麗澤書院之基礎。八月曾往三衢見其師汪應辰,留半月餘。這次會面,呂祖謙自云:

> 旬日獲聽教誨,周決篤至,敬當服膺。(《東萊呂太史別集》卷七,
> 頁 3〈與汪端明書〉)

其敬戴汪氏之深,於此可見。

乾道六年(西元 1170 年),張栻爲嚴州太守,呂祖謙曾爲其作〈乞免丁錢奏狀〉及謝表,又編《閫範》,張栻爲之序,兩人常往來論學,相處極爲融洽。五月,除太學博士,自嚴陵歸婺州,張栻亦奉召爲吏部郎兼侍講,於是二人聯舟西上臨安(《東萊呂太史別集》卷七,頁 7〈與朱侍講〉)。到臨安之後,兩人又隔牆而居,呂祖謙與朱熹書云:

> 張丈又復連牆,得朝夕講論。(《東萊呂太史別集》卷七,尺牘一,
> 頁8)

呂祖謙與張栻論學,從嚴州到臨安,兩年期間常相互切磋學問,見解逐漸相近,感情亦浹洽。此期間呂祖謙常回金華會見麗澤諸生,立有規矩七事,即〈乾道六年規約〉。十二月,兼國史院編修官,實錄院檢討官。國子祭酒芮煜與呂祖謙共修學政,亦甚投契。翌年,繼室韓夫人產女後二旬卒,呂祖謙〈祔韓氏誌〉云:

> 始某踰冠授室,蓋今尚書左司郎中韓元吉長女,既五年而夭,左司
> 公實識其葬。後七年,復女焉,越二年又夭,壽二十有七。(《東萊
> 呂太史文集》卷十,頁 5)

芮煜亦於是年去世,六年後呂祖謙續娶之芮氏,即芮煜之季女。凡氏凡三娶,夫人皆先亡故。

乾道八年(西元 1172 年),任省試考官,平日喜讀陸九淵之文,然未曾相識。考試禮部時,閱一卷,立斷係小陸之文,揭示,果然,眾人皆佩服其精鑑。在試院聞父親病重,即請假歸婺州,二月丁父憂。守喪時諸生復集,

學子將其《尚書》講義編成《東萊書說》。此期間劉子澄、陸子壽曾多次來訪。

　　孝宗淳熙元年（西元 1174 年），韓元吉守婺州，呂祖謙遂遣散諸生，開始編《讀詩記》、閱《春秋左氏傳》，與朱熹書云：

> 今歲以韓丈來此，舊相聚士子頗多，恐其間或有門戶訴謂之類，自
> 正初一例謝遣，掩關蕭然，無復他事，但與有志肯爲學者數人過從，
> 遂得專意讀書，入細檢點，欠闕鹵莽處甚多。（《東萊呂太史別集》
> 卷八，尺牘二，頁 2）

屏退諸生，始能專心讀書、編書，並省察往日之疏失。五月十三日往三衢，六月一日始歸，陸九淵已在宅相候，呂祖謙又留他多住七、八日，他對陸九淵的評語是「篤實淳直，工夫甚有力。」，〔註2〕並向其師推薦之。〈與汪端明書〉云：

> 陸君相聚五、六日，淳篤勁直，輩流中少見其比，恐不可不收拾，
> 惟開懷成就之爲望。（《東萊呂太史別集》卷七，尺牘一，頁 4）

從以上可見呂祖謙心胸寬廣，善於提拔後輩。六月二十三日，主管台州崇道觀，八月，與潘叔度遊歷越州約一個月，有〈入越錄〉之作。

　　淳熙二年（西元 1175 年）四月，往武夷拜訪朱熹，二人早有書信往來，此次訪寒泉精舍，與朱熹共同編輯《近思錄》，朱熹作序，呂祖謙作跋，後朱熹略有更動，亦去函徵求呂祖謙意見。這年，呂祖謙發起著名的鵝湖之會，呂祖謙、朱熹、陸九淵、陸九齡、劉清之，及江浙諸友皆會於信州鵝湖，此次辯論，表面上是朱、陸異同之爭，其實也可說是朱、呂、陸三家之會。全祖望云：

> 宋乾、淳以後，學派分而爲三：朱學也，呂學也，陸學也。三家同
> 時，皆不甚合。朱學以格物致知，陸學以明心，呂學則兼取其長，
> 而復以中原文獻之統潤色之。門庭徑路雖別，要其歸宿于聖人，則
> 一也。（《宋元學案》卷五十一，〈東萊學案〉頁 1653）

朱、陸對理氣心性的著眼點不同，而產生分歧。朱熹認爲理在氣先，爲學主先道問學、即物窮理，主格物致知上通天理。陸九淵則認爲心即理，爲學主先尊德性，主張直達心性先立其大者。呂祖謙則「兼取其長，復以中原文獻

〔註2〕　〈與陳同甫〉書云：「自三衢歸，陸子靜已相待累日，又留七、八日，昨日始行。篤實淳直，工夫甚有力，朋游間未易多得。渠云：『雖未相見識，每見吾兄文字開闊軒翥，甚欲得相聚。』覺其意勤甚，渠非論文者也。」（《東萊呂太史別集》卷十，尺牘四，頁 11）。

之統潤色之」。關於信州鵝湖之會，梁啟超云：

> 呂是主人，朱、陸是客，原想彼此交換意見，化異求同，後來朱、陸互駁不肯相讓，所以毫無結果。雖說沒有調和成功，但兩家經此一度的切磋，彼此學風都有一點改變。……由鵝湖之會，可以看出來朱、陸兩家根本反對之點，更可以看出東萊的態度及地位如何。
>
> （《儒家哲學》頁45，收入《飲冰室專集》第四冊）

梁啟超認為這為期七天的講學大會，〔註3〕在中國學術史上極為光彩，也非常有意義。

淳熙三年（西元 1176 年），呂祖謙之長女華年出閣，歸潘景良。七月遷塾於右司宅，復編《讀詩記》。十月往臨安就秘書省秘書郎之職，以禮部侍郎李燾之推薦，兼國史院編修官，實錄院檢討官，重修《徽宗實錄》，次年書成，轉承議郎罷檢討，仍兼史職。在進呈《徽宗實錄》時，發表其治國之理念；呈孝宗輪對箚子中云：

> 志勤道遠，遷延至於今日者，亦由陛下聖躬獨勞，而無群臣之助也，……加之總攬既久，圖事揆策者，多不如陛下之精審；議定法令者，多不如陛下之明習，甚則私意小智，又多不逃陛下之識察，陛下遂謂天下之事既知之矣，天下之人既見之矣，所以慨然益堅獨運萬機之意。……苟萬機獨運，大臣而下皆為人所易，則人主豈能獨尊重哉！如曰臣下權任太隆，懼其不能無私，則有給舍以出納焉，有臺諫以糾正焉，有侍從以詢訪焉，誠得端方不倚之人分處之，自無專恣之慮，何必屈至尊以代其勞……文治可觀，而武績未振，名勝相望，而幹略未優，雖昌熾盛大之時，此病已見，如西夏元昊之難，漢唐謀臣從容可辦，以范仲淹、韓琦之賢，皆一時選，曾莫能平殄，則事功不競可知矣。（《東萊呂太史文集》卷三，頁5至8）。

呂祖謙認為皇帝不宜萬機獨運，而應分層負責，並指出宋代的文治可觀，而武績未備，需講求事功，及重視根本。

〔註3〕 梁啟超在《儒家哲學》頁45云：「前後七天」。而《東萊呂太史別集》卷十，尺牘四，頁19〈答潘叔度〉云：「某以五月半後同朱丈出閩，下旬至鵝湖，諸公皆集，甚有講論之益，更三、四日即各分手，到信須留兩三日。」從呂祖謙答潘叔度信中看來，鵝湖之會不超過四天。

　　十一月，續娶故國子祭酒芮煜之女爲繼室，一週後，奉旨校正《聖宋文海》，《年譜》記載：「公請一就刪次，斷自中興以前，十六日有旨從之。」（《東萊集附錄》卷一，頁 11）《聖宋文海》本當時書坊流傳之選集，因選文不精，孝宗命呂祖謙精選、校正，並重刊之，以爲興衰治亂之借鑑。

　　淳熙五年（西元 1178 年），呂祖謙四十二歲。除忙於校正《聖宋文海》外，尚爲殿試考官，又修《中興館閣書目》，在與朱熹書信中稱：

　　　　某館下碌碌，無足比數，但史程限過促，又《文海》未斷手，亦欲
　　　　盡送官，庶幾去就可以自如，以此窮日繙閱，它事皆廢，每思往歲
　　　　所謂范淳夫看忙時書，未嘗不欣然獨笑也。（《東萊呂太史別集》卷
　　　　八、尺牘二，〈與朱侍講〉頁 6）

是年冬，忽感末疾，「十二月十四夜感末疾，給假半月將治」（《東萊集附錄》卷一，頁 13）。從呂祖謙寄周丞相書中，可略窺其病情：

　　　　某病體入冬來差覺勝前，但手足腰髀時有堅強處，故未自如耳。藥物
　　　　日進三、四服，未嘗廢炙艾，醫者或云血本少，用火則益燥涸，以此
　　　　猶未決也。（《東萊呂太史別集》卷九，尺牘三，〈與周丞相〉頁 3）

　　翌年正月，「樞密使王淮宣旨，問所編《文海》次第」（《東萊集附錄》卷一，頁 14）。呂祖謙遂將書繳申三省以進呈。《年譜》記載：

　　　　二月三日得旨，呂某編類《文海》，採摭精詳，與除直秘閣。四日又
　　　　遣中使李裕文宣賜銀絹三百疋兩，公具表謝，且辭免除職。時中書
　　　　舍人陳騤繳公宜閣之命，以爲推賞太優。尋奉聖旨：「館閣之職，文
　　　　史爲先，今所編次，採取精詳，觀其用意，有益治道，故以寵之。」
　　　　（《年譜》頁 14）

書進呈後，孝宗賜名《皇朝文鑑》，翰林學士周必大爲之序。是時，呂祖謙因病一再辭免官職，居家養病，此年七月，芮氏以「護視劬勞」得疾而卒。呂祖謙養病期間仍手不釋卷；修《讀詩記》；編《大事記》，定《古周易》、編《歐公本末》等。自忖去死尚遠，故用功甚勤，且有意邀朱熹一遊，從寄朱熹信中可見一斑：

　　　　蓋萎痺已成沈涸，非湯劑所能料理也。所幸閑中浸有趣，俯仰一室，
　　　　極覺安適，度去死尚遠，未爲師友憂。……年來屋後花竹成陰，隨
　　　　分亦可自娛，猶覬杖屨一臨之也。（《東萊呂太史別集》卷八，尺牘
　　　　二〈與朱侍講〉，頁 16）。

未料淳熙八年（西元 1181 年），七月二十九日終于正寢，享年僅四十五，時其子甫三歲。呂祖謙逝世三十四年後，亦即宋寧宗嘉定八年（西元 1215 年）諡爲「成」。〔註4〕

第二節　著　作

　　呂祖謙雖壯年而逝，然其一生著述繁富；內中有自爲編撰者，有與他人合編者，有門人子弟記述或編輯者，有後人僞託者……不一而足。前人綜合《四庫全書總目》及書、志、附記、序跋等，述之甚詳，〔註5〕然爲論文之完整性，亦不得略去不言，茲簡要論述如次：

一、經　部

（一）《古周易》

　　《古周易》一卷，《遂初堂書目》、《直齋書錄解題》、《宋史‧藝文志》、《文獻通考‧經籍考》、《四庫全書總目》、《季滄葦書目》、《金華經籍志》等均著

〔註4〕關於呂祖謙何時賜諡問題，有以下兩種不同說法：
　　一、劉昭仁先生《呂東萊之文學與史學》頁22：「宋寧宗嘉泰八年（西元 1208年）賜諡成。」
　　二、林建勳先生《呂東萊的春秋學》頁30：「東萊身後二十五年，婺州守丘壽卿爲之請諡，於寧宗嘉定八年（西元 1215 年）諡爲『成公』。」
　　筆者按：
　　一、查宋寧宗改元四次，依序爲慶元、嘉泰、開禧、嘉定，而「嘉泰」前後僅四年，即西元一二〇一年至一二〇四年。因此劉昭仁先生指出的「嘉泰八年（西元 1208 年）」或許爲「嘉定八年（西元 1215 年）」之誤。
　　二、呂祖謙於淳熙八年（西元 1181 年）去世，至嘉定八年（西元 1215 年）恰爲三十四年，故林建勳先生所云「身後二十五年」可能是「身後三十四年」之誤。
　　三、據李心傳《道命錄》卷八，〈東萊先生呂成公諡議〉頁18。及《叢書集成新編》第一〇〇冊，《道命錄》頁204，卷八〈東萊先生呂成公諡議〉皆云：「嘉定八年六月知婺州丘壽雋爲東萊先生請諡……」，故「丘壽卿」可能爲「丘壽雋」之誤。
　　四、宋理宗嘉熙二年（西元 1238 年）呂祖謙改諡忠亮，景定二年（西元 1261年）追封開封伯，從祀孔廟。明嘉靖九年（西元 1530 年）年改稱先儒呂子。（《四庫全書》第五二三冊，頁 609）。
〔註5〕參見劉昭仁先生《呂東萊之文學與史學》；潘富恩、徐余慶著《呂祖謙評傳》；姚榮松先生〈呂祖謙〉。

錄，唯《文獻通考・經籍考》云：「呂伯恭《古易》、《音訓》共十四卷」，《直齋書錄解題》云：「《古易》十二卷」。按《四庫全書總目》云，此書「分上經、下經、彖上傳、彖下傳、象上傳、象下傳、繫辭上傳、繫辭下傳、文言傳、說卦傳、序卦傳、雜卦傳，爲十二篇《宋志》作一卷，《書錄解題》作十二卷，蓋以一篇爲一卷，其實一也。」故知，此一卷本實與十二卷本同。朱熹撰《周易本義》即採用此本。

　　關於《古周易》一書，《四庫全書總目》已有論述，並加以辨正，另，劉昭仁先生《呂東萊之文學與史學》一書中「經部著作」一節亦有簡要介紹，唯所論大抵仍以《總目》爲本，復加以考述現存版本，可互相照會參看。

　　（二）《古易音訓》

　　《古易音訓》二卷，《遂初堂書目》、《直齋書錄解題》、《宋史・藝文志》、《絳雲樓書目》、《季滄葦書目》、《金華經籍志》等均著錄。朱熹跋《古周易》一書云：「《音訓》一篇，則其門人金華王莘叟之所筆受也。」（《四庫全書》，冊十五，頁806）此書採陸德明《經典釋文》之音義，按古本重新編次，呂祖謙將考訂《古周易》之次序，記載於《音訓》各篇之標題下，《四庫全書總目》云：「朱子嘗刻是書於臨漳、會稽，益以程氏是正文字及晁氏說。」（頁779）。

　　《古易音訓》二卷，清・宋咸熙輯，嘉慶七年仁和宋氏刊本，《式訓堂叢書》、《仰觀千七百二十九鶴齋叢書》、《槐廬叢書二編》、《梭經山房叢書》、《孫谿宋氏經學叢書》、《清芬堂叢書》、《金華叢書》等均收錄。《呂氏音訓》不分卷，清・劉世讞校，《劉氏傳經堂叢書》收錄。（見中央圖書館編《現存宋人著述目略》，頁5）。

　　（三）《東萊易說》

　　《四庫全書總目》經部卷七，《易》類存目一載：《東萊易說》二卷，《現存宋人著述目略》載：「《易說》一卷」，並云：「宋呂祖謙撰，《學海類編》所收」。《四庫全書總目》則稱：「舊本題宋呂祖謙撰，朱彝尊《經義考》亦列其名，今勘驗其文，實呂喬年所編《麗澤論說集錄》之前二卷。」（《總目・易類存目・東萊易說提要》）。

　　（四）《周易繫辭精義》

　　《周易繫辭精義》二卷，《郡齋讀書志附志》、《遂初堂書目》、《直齋書錄解題》、《宋史・藝文志》、《四庫全書總目》、《絳雲樓書目》、《汲古閣書目》、

《金華經籍志》等均著錄，今收入《古逸叢書》。《四庫全書總目》將此書列入存目，認爲此書似集諸家之說，以補程子作《易傳》不及《繫辭》之缺，由於取捨未精，《書錄解題》以爲後人所僞託。而潘富恩、徐余慶之《呂祖謙評傳》則謂《繫辭精義》亦名「《易說》」（頁 61）。

（五）《讀易紀聞》

《讀易紀聞》一卷，《經義考》、《光緒金華縣志》著錄，《經義考》載「存」，並云「按是編附載集中，始乾卦至比卦。」（卷三十，頁 8）。《呂東萊先生文集》中有〈易說〉三卷（《文集》卷十二至卷十四），收乾卦等四十餘卦，與《經義考》所載似非一書。

（六）《朱程易傳》

《朱程易傳》十卷，《萬卷堂書目》、《萊竹堂書目》、《光緒金華縣志》均著錄。惟卷冊、書名有別。〔註6〕此書或爲呂祖謙所編。

（七）《書說》

《東萊書說》十卷，《郡齋讀書志附志》、《直齋書錄解題》、《文獻通考·經籍考》、《國史經籍志》、《世善堂藏書目錄》、《汲古閣書目》、《金華經籍志》等均著錄，唯卷數略有出入，〔註7〕據《年譜》記載，呂祖謙於乾道九年（西元1173 年）與諸生講《尚書》，淳熙六年（西元 1179 年）有《尚書》講義。呂祖儉〈《書說》書後〉略謂，《尚書》自〈秦誓〉至〈洛誥〉，共十八篇，〔註8〕係呂祖謙淳熙六年冬天，口授諸生而筆之於冊者（《四部要籍序跋大全·經部甲輯》頁 124）。

關於《東萊書說》一書，《四庫全書總目》及《金華經籍志》所附《直齋

〔註6〕 《萬卷堂書目》載：「《朱程易傳》十卷，呂祖謙。」（萬一，頁 1，收入《叢書集成續編》第三冊，頁388）。《光緒金華縣志》引用《萬卷堂書目》記載，然書名卻爲《程朱易傳》（卷十五，頁 1），並載「朱睦㮮萬卷堂藝文目呂祖謙撰」。《萊竹堂書目》則云：「《程朱易傳》二冊。」（卷一，頁 3，收入《叢書集成新編》第二冊，頁 13）。

〔註7〕 《郡齋讀書志附志》作六卷，《文獻通考》作十卷，《宋史·藝文志》與《四庫全書》皆云三十五卷。據《四庫全書總目》稱：「原書未經時瀾所補者，其時尚未成編，傳鈔者隨意分卷……祖謙原書始〈洛誥〉，終〈秦誓〉，其〈召誥〉以前，〈堯典〉以後，則門人雜記之語錄，頗多俚俗，時瀾刪潤其文成二十二卷，又編定原書爲十三卷，合成是編。」然《善本書室藏書志》有明弘治間嚴九能手鈔宋本十三卷，標題門人鞏豐、仲至鈔，非出於時瀾之手。

〔註8〕 《郡齋讀書志》卷五上，頁 8 云：「自〈洛誥〉至〈秦誓〉凡一十七篇。」

書錄解題》、《讀書敏求記》、《經義考》、胡宗楙等之附記，述之甚詳，劉昭仁先生《呂東萊之文學與史學》一書中「經部著作」一節亦有論述，惟所論大抵仍以前述諸說爲本，可互爲參看。

據《現存宋人著述目略》載，時瀾修定之《增修東萊書說》三十五卷，《重刊通志堂經解》、《金華叢書》皆收錄，民國十七年中社用嚴元照手鈔本影印，作「《東萊書說》十三卷（原闕四卷）、《禹貢圖說》一卷，宋呂祖謙述，宋鞏鑒鈔」（頁9）。

（八）《呂氏家塾讀詩記》

《呂氏家塾讀詩記》三十二卷，《遂初堂書目》、《宋史・藝文志》、《萬卷堂書目》、《天祿琳瑯書目》、《四庫全書總目》、《絳雲樓書目》、《也是園書目》、《鐵琴銅劍樓書目》、《金華經籍志》等均著錄。

呂祖儉〈《書說》書後〉曾言其兄「整次《讀詩記》猶未終篇，《書》及《三禮》皆未及次第考論……」而遽然去世（《四部要籍序跋大全》經部甲輯上冊，頁124）。《直齋書錄解題》亦云：「東萊於諸經，亦惟《讀詩記》及《書說》成書，而皆未終也。」（卷三，頁34）。故知，此書堪稱諸經中較完整之著作，其博採諸家之說釋《詩》，諸家或未備，即以己說成之。所採朱熹早年之說，今已不傳，從此書所引「朱氏曰」之論點，可窺朱熹所謂「少時淺陋之說」的輪廓。（見《呂氏家塾讀詩記・朱序》）。

本書爲呂祖謙對《詩經》學方面最主要的論述。全書凡三十二卷，篇首記載書中所採自毛萇以迄朱熹，計四十四家姓氏，知係集諸家之善、博採群言之著作。內容首述綱領、次及詩樂、刪次、大小序、六義、風雅頌、章句音韻、卷帙、訓詁傳授等，卷一之末，言作此書之條例；諸如所採各家排列之次序、書寫方式、取捨標準等，此條例可爲集解類著作之範本。卷二以下所釋各詩全依條例解釋，正因體例之周備，故陸鈇序云：「剪綴諸家如出一手，有司馬子長貫穿之巧……。」（《叢書集成新編》第五十五冊，《呂氏家塾讀詩記・陸序》頁476）。《四庫全書薈要》、《四庫全書》、《四部叢刊續編》、《四部叢刊廣編》、《叢書集成新編》等叢書皆有收錄。

盧文弨《群書拾補》有《呂氏讀詩記》補闕，盧氏以嘉靖本與神廟癸丑南都刻本相參校，始知世所通行之神廟本除脫去兩葉外，其他亦有遺脫，故卷一、卷二十七、卷二十八皆有所補正。又李樗、黃櫄之《毛詩集解》，附呂祖謙釋音，《通志堂經解》、《四庫全書總目》、《四庫全書薈要》均有相關記載。

〔註9〕

（九）《禮記詳節》

《禮記詳節》，《菉竹堂書目》、《經義考》、《絳雲樓書目》、《金華經籍志》、《光緒金華縣志》等均著錄。

《經義考》、《金華經籍志》皆載「佚」，未列卷、冊數，《光緒金華縣志》、《絳雲樓書目》、《脈望館書目》、《菉竹堂書目》則載「四冊」。

（十）《左博議》

《左氏博議》二十五卷，《郡齋讀書志附志》、《直齋書錄解題》、《宋史·藝文志》、《四庫全庫總目》、《天祿琳瑯書目》、《金華經籍志》、《光緒金華縣志》、《現存宋人著述目略》等均著錄。

本書爲呂祖謙較早期之著作，藉《左傳》事跡發揮其議論。從自序中可窺其撰作動機與目的，其云：

> 予離群而索居有年矣，過而莫予輔也，跌而莫予挽也，心術之差，見聞之誤，而莫予正也。幸因是書而胸中所存、所操、所識、所習，毫愆髮謬，隨筆呈露，舉無留藏。（《左氏博議·序》）。

此書係爲諸生課試而作，呂祖謙將其胸中所蘊蓄之見解，一一注入書中。時呂氏居東陽，與從遊者談論，語及課試之文，「予思有以佐其筆端，乃取《左氏》書理亂得失之蹟，疏其說於下，旬儲月積，浸就編帙。」（同上），由於其爲科舉之範文，故文章偏重義理與遣辭，每篇均有章法，爲議論文之最佳教材。全書收錄一百六十八篇，〔註10〕每篇藉《左傳》史實或類比例舉，或借古諷今，或針砭時事，立一主旨反覆推敲、翻案，愈推愈密，甚至無中生

〔註9〕 《通志堂經解》第十六冊，李迂仲、黃實夫《毛詩集解》卷第一載：「三山先生李樗迂仲講義、南劍教授黃櫄實夫講義，三山先生李泳深卿校正，東萊先生呂祖謙伯恭釋音」（頁9231）。《四庫全書總目》卷十五亦載《毛詩集解》四十二卷「不著錄編錄人名氏，集宋李樗、黃櫄兩家《詩解》爲一編，而附以李泳所訂，呂祖謙釋音。」（頁327）。《四庫全書薈要》則云：「《毛詩集解》四十二卷，宋李樗、黃櫄二家講義也。……李泳所校，呂祖謙釋音亦附錄。」（第二十四冊，頁149《毛詩李黃集解》）。而劉昭仁先生卻謂釋音一事「其他典籍均未提及」（《呂東萊之文學與史學》頁42）。

〔註10〕 此書二十五卷足本有一百六十八篇。《四庫全書總目》亦云：「書凡一百六十八篇」，然其中卷十缺〈晉里克帥師敗狄〉，卷十二缺〈秦晉遷陸渾之戎〉，前者係強調「治戎狄如治姦民」，後者強調「天下之可畏者，在於夷狄其心」，故二篇均犯清朝之忌而被刪，實際上《四庫全書》僅收一百六十六篇。

有。為議論文之作翻出新例。朱熹於《朱子語類》云：「伯恭少時被人說他不曉事，故其論事每指出人之情偽。」（卷一二二，頁 4783），呂祖謙評論人物多纖巧入微，故發為議論亦善敘人之情偽。

其晚年對本書時有指正，〈答聶與言〉云：

> 前此諭及《博議》并奧論中鄙文，此皆少年場屋所作，往往淺狹偏暗，皆不中理，若或誦習，甚誤學者，凡朋友問者，幸徧語之。（《東萊呂太史別集》卷十，尺牘四，頁 22。收入《叢書集成續編》第一二八冊，頁 647）。

他對《左氏博議》中之論敘有些微辭，然其論理、章法確實有許多可取之處，王濤南〈著述辨惑〉曰：

> 呂東萊自謂《左氏博議》「乃少年場屋所作，淺狹偏暗，皆不中理」，力戒後學誦習。……以予觀之，《博議》雖多「浮辭」，而其所發明，往往出人意表，實有補于世教。（《濤南集》卷三十一，頁 3 至 4。收入《四庫全書》第一一九〇冊，頁 432 至 433）。

此書雖多「浮辭」，然議論精闢，往往出人意料，王濤南謂「實有補于世教」。

《四庫全書》所收錄者係浙江巡撫採進本，為舊帙中較佳者。後瞿世瑛參明本、元本、文瀾閣本，及平湖胡氏所藏宋槧本加以校勘，為後來刻足本者所採用。清輯刊《金華叢書》本，及雲陽義秀書屋重雕足本，皆取瞿本加以重刊，係目前較佳之板本。今坊間所見語譯之《左氏博議》，均取八十六篇之節錄本，除去取未精，不足以窺全貌外，更因刪削篇章文字，使文氣承轉，跳脫唐突。

（十一）《左氏傳說》

《左氏傳說》二十卷，《直齋書錄解題》、《宋史藝文志》、《文獻通考・經籍考》、《四庫全書總目》、《金華經籍志》、《光緒金華縣志》、《現存宋人著述目略》等均著錄，唯卷數略有出入耳。〔註11〕

呂祖謙認為《左傳》是一部歷史著作，他從史學的角度研究《左傳》，以標題選文、隨事立義之方式，對其中人物、事件加以評析，《左氏傳說》、《左

〔註11〕《宋史・藝文志》著錄一卷，或許是闕本。《四庫全書總目》、《現存宋人著述目略》、《光緒金華縣志》均著錄二十卷。《文獻通考・經籍考》、《金華經籍志》、《直齋書錄解題》則著錄三十卷，並云：「於《左氏》一書多所發明，而不為文，似一時講說，門人所鈔錄者。」（《直齋書錄解題》卷三，頁 66），若為門人所鈔錄，卷數自易參差。

氏傳續說》、《左氏博議》三書，可謂呂氏研究《左傳》之代表作。《左氏傳說》卷首云：

> 看《左傳》，須看一代之所以升降，一國之所以盛衰，一君之所治亂，一人之所以變遷，能如此看，則所謂「先立乎其大者」，然後看一書之所以得失。（《四庫全書》第一五二冊，頁4〈左氏傳說卷首〉）。

故此書大多就史事成敗得失立論。由於受文體之限制，議論較繁瑣，如比事之例，先列經文之相類者數條，而後為之論說。其議論除承《左氏博議》之緒外，又注重制度、實學，如卷十六云：

> 大抵為國之根本，莫大於「親賢」兩字，有親則可以藩屏王室，有賢則可以鎮重朝廷，雖有奸賊，不敢覬覦。（《左氏傳說》卷十六，頁4）。

> 《左氏》載版築、用兵、救焚之事，如世務曲折，條目所載，纖悉備具，所載甚詳，亦足以見當時風聲氣息近於三代，其人皆是著實做工夫，皆為有用之學，非尚虛文。（《左氏傳說》卷五，頁15）。

朱熹稱其「極為詳博，然遣詞命意頗為傷巧」（《四庫全書》第一五二冊，《春秋左氏傳說》頁1）。此書《四庫全書》、《通志堂經解》、《金華叢書》皆收錄。

（十二）《左氏傳續說》

《左氏傳續說》十二卷，《四庫全書總目》、《金華經籍志》、《光緒金華縣志》均著錄。

呂祖謙為學注重實用，故鑽研《左傳》甚勤。他認為「一部《左傳》都不曾載一件閑事，蓋此書是有用底書」（見《左氏傳續說‧綱領》）。其晚年注重經制實學；從早期《左氏博議》的闡明義理，轉而為《左氏傳續說》的探討經制；由抽象理論轉變成實學。對前說值得商榷處，亦有所說明，如：

> 「蓋具其帑，與器用財賄」，《左氏》詳書之者，蓋見得纖悉周盡。
> 向《博議》論趙宣子特地遣史駢送狐射姑之帑，全不是。蓋古人風俗尚厚，卻不如此。（《左氏傳續說》卷五，頁11）

其晚年風格有所改變，為學趨於細密，拋棄虛理，而重視事實，勇於更正己說。此書曾評《左氏博議》云：「《博議》中議論，自今日看來，十全精確者大段有數。蓋此書舊日一時間意思耳。」（《左氏傳續說》卷二，頁14）。

《四庫全書總目》謂此書係繼《左氏傳說》而作，「以補所未及」，故稱之為《續說》。原書已亡佚，《四庫全書》所收錄者，係從《永樂大典》中輯

出。或謂此書乃呂祖謙「隨時講說，而門人錄以成書者」。〔註12〕

（十三）《春秋集解》

《春秋集解》三十卷，《直齋書錄解題》、《宋史・藝文志》皆著錄「呂祖謙撰」，唯卷數有別耳。〔註13〕《郡齋讀書志》載：「東萊先生所著也，長沙陳邕和父爲之序」（卷五，頁10），而不書呂祖謙姓名。《四庫全書總目》則云：「宋呂本中撰，舊刻題曰呂祖謙，誤也。」（卷二十七，《春秋類》二，頁546）。

方孝岳《左傳通論・源流篇》（頁31），楊伯峻《春秋左傳注》上冊（頁57），皆以爲《春秋集解》係呂祖謙撰。沈玉成、劉寧著《春秋左傳學史稿》，亦將《春秋集解》三十卷列爲呂祖謙之著作（頁234）。而崔富章先生《四庫提要補正》一書中謂：「呂本中之《集解》，呂祖謙之《集解》……兩書並傳，今上海圖書館藏《東萊先生呂成公點句春秋經傳集解》三十卷，晉・杜預撰，唐・陸德明釋文，宋刻本，是爲呂祖謙之《集解》……祖謙僅「點句」而已，實杜氏《集解》……。」（頁158）。是知呂本中、呂祖謙皆有《春秋集解》。

（十四）《左傳類編》

《左傳類編》六卷，《直齋書錄解題》、《宋史・藝文志》、《明內閣書目》、《愛日精廬藏書志》、《䜌宋樓藏書志》、《金華經籍志》、《光緒金華縣志》等均著錄，唯卷數有出入。〔註14〕

《金華經籍志・志四》（頁121至124），載《直齋書錄解題》、《愛日精廬藏書志》、《鐵琴銅劍樓藏書志》，以及胡宗楙按語等，對此書之內容，刊刻狀況述之甚詳，劉昭仁先生《東萊之文學與史學》書中，「經部著作」一節亦有論述，可相互參看。此外，崔富章先生《四庫提要補正》一書云：北京圖書館與復旦大學均藏有《東萊呂太史春秋左傳類編》不分卷之清抄本，中國歷史博物館則藏有《春秋左傳類編》不分卷之明抄本（頁162）。

〔註12〕《金華經籍志》載：「此書雖續《傳說》而作，與《傳說》體例不同……其詞如語錄，與《麗澤論説集錄》相似，當出隨時講說，而門人錄以成書者，今《麗澤論説集錄》群經皆有，獨無《春秋》，或即《集錄》之一種，而摘出別行者歟！」（志四，頁9）。
〔註13〕《直齋書錄解題》著錄十二卷，《宋史・藝文志》、《光緒金華縣志》、《四庫全書總目》皆著錄三十卷。
〔註14〕《愛日精廬藏書志》、《䜌宋樓藏書志》皆云「不分卷」，《宋史・藝文志》、《直齋書錄解題》、《明內閣書目》、《金華經籍志》、《光緒金華縣志》皆著錄六卷。

（十五）《左氏國語類編》

《左氏國語類編》二卷，《直齋書錄解題》、《宋史・藝文志》、《金華經籍志》、《光緒金華縣志》均著錄。《宋史・藝文志》載：「祖謙門人所編」（《宋史》卷二百二，頁 5064），《直齋書錄解題》云：「呂祖謙撰，與《左傳類編》略同，但不載綱領，止有十六門，又分《傳》與《國語》為二。」（卷三，《春秋》類，頁 66）。

（十六）《春秋講義》

《春秋講義》一卷，《經義考》、《金華經籍志》、《光緒金華縣志》均著錄。後二者皆引自《經義考》。

《經義考》載「存」，並云黃震曰：「成公《春秋講義》亦少年之作，但不至如《博議》之太刻耳。」（卷一八七，《春秋》二十，頁 5）。

（十七）《左傳手記》

《左傳手記》一卷，《經義考》、《光緒金華縣志》、《金華經籍志》均著錄。

《金華經籍志》著錄「佚」，《經義考》載：「存。黃震曰：《手記》視《講義》稍不衍文」（卷一八七，《春秋》二十，頁 6）

（十八）《春秋集傳微旨》

《春秋集傳微旨》一冊，《菉竹堂書目》、《金華經籍志》、《光緒金華縣志》均著錄。後二書皆云引自《菉竹堂書目》，《菉竹堂書目》載：「《春秋東萊集傳微旨》一冊」（卷一，收入《叢書集成新編》第二冊，頁 15）

（十九）《四傳大全》

《四傳大全》三十八卷，《世善堂藏書目錄》、《金華經籍志》、《光緒金華縣志》均著錄。

《金華經籍志》載：「《四庫提要》云不知何人所編，首載杜預、何休、范寧、胡安國四序，次《春秋》綱領，述各家議論，次《春秋》提要，如周十二王、魯十二公，以及會盟戰伐之數，並撮舉大凡，次《春秋》列國圖說，次《春秋二十國年表》，次《春秋》諸國興廢說，凡經文之下皆分注《左氏》、《公羊》、《穀梁》三傳，而《胡傳》則別為標出，間加音注，別無發明參考之處，考元俞烟《春秋集傳釋義大成》始於三傳之後，附錄胡傳吳澄〈序〉，稱其兼列胡氏，以從時尚，而四傳之稱，亦即見於澄序中，知《胡傳》躋躋三傳之列，自元初已然，此本驗其版式，猶為元槧，蓋當時鄉塾讀本也。」（志四，頁 10 上），並

有胡宗楙按語稱：「《四庫總目》云不知何人所編，而《世善堂書目》則標題呂祖謙，卷數與《四庫》同，惟考成公《年譜》未載，或係當時課門人之作。」（志四，頁10，下）。經查《四庫全書總目》並未著錄此書。

二、史　部

（一）《大事記》、《通釋》、《解題》

《大事記》十二卷，《通釋》三卷，《解題》十二卷。《直齋書錄解題》、《宋史・藝文志》、《文獻通考・經籍考》、《四庫全書總目》、《也是園書目》、《絳雲樓書目》、《金華經籍志》、《光緒金華縣志》均著錄，惟卷數互有出入。〔註15〕

李大有《《大事記》後序》云：「是書名襲遷史，體備編年，雖不幸絕筆于征和，而書法可概見。《通釋》，是書之總也，《解題》，是書之傳也。」（見《四部要籍序跋大全》，史部甲輯，頁113）。至於此書之內容、旨趣，《四庫全書總目》、《直齋書錄解題》、《鐵琴銅劍樓藏書目錄》，及《金華經籍志》胡宗楙按語等述之甚詳，劉昭仁先生《呂東萊之文學與史學》「史部著作」一節，亦有論述，可互參看。

（二）《十七史詳節》

《十七史詳節》二百七十三卷，《萬卷堂書目》、《菉竹堂書目》、《四庫全書總目》、《也是園藏書目》、《絳雲樓書目》、《光緒金華縣志》等均著錄，惟卷、冊數不一。〔註16〕《四庫全書總目》著錄稱係浙江巡撫採進本，可見當時此書尚存，或許因卷帙浩繁，且內容係隨時節抄，極為冗雜，故列史部史鈔類存目中。

（三）《西漢精華》、《東漢精華》

《西漢精華》十四卷、《東漢精華》十四卷，《四庫全書總目》、《金華經

〔註15〕《宋史・藝文志》載：「《大事記》二十七卷」（《宋史》卷二百三，頁5092）。《也是園書目》載：「呂祖謙《大事記止二十六卷》」（也二，頁3，《叢書集成續編》第五冊，頁18）。《直齋書錄解題》、《文獻通考・經籍考》於《通釋》皆作「一卷」。《絳雲樓書目》則載：「《大事記》十三卷，《解題》十二卷，《通釋》一卷」（卷一，頁19，《叢書集成新編》第二冊，頁87）。

〔註16〕《四庫全書總目》、《光緒金華縣志》、《萬卷堂書目》均載二百七十三卷，《也是園藏書目》、《絳雲樓書目》云二百八十三卷，《脈望館書目》載「四十本」（《脈望》元十，《叢書集成續編》第四冊，頁10），《菉竹堂書目》云：「呂東萊《十七史詳節》三十冊」（卷二，頁33，《叢書集成新編》第二冊，頁21）。

籍志》、《光緒金華縣志》、《鐵琴銅劍樓藏書目錄》著錄，然著錄狀況不同。〔註17〕

　　《四庫全書總目》僅著錄《東漢精華》十四卷於史部史鈔類存目中，並謂係衍聖公孔昭煥家藏本，可見當時僅存其一。本書乃呂祖謙兩漢精華之一；以范曄之書，擇其精要而論之，或「比類以明之」，其閱讀史書時隨手抄於冊中，以爲文議論所用，並無著書之意，後人仍加以刊刻。《鐵琴銅劍樓藏書目錄》亦謂舊本不題呂祖謙名，首標「東萊呂氏」此乃宋、元時書肆本之格式。該書目所藏係明藩之重刻本，內有刊板序。（見卷十，頁620）《金華經籍志》著錄「存」，今未見有何書收錄。

　　（四）《議史摘要》

　　《議史摘要》四卷，《四庫全書總目》、《光緒金華縣志》均著錄。《四庫全書總目》云：「舊本題曰《新刊祖謙呂先生議史摘要》，又題曰《議史摘粹》，一書之中其名已自相矛盾，今檢其文，即呂祖謙《左氏博議》，但增以註釋耳，然註釋亦極淺陋，惟板式頗舊，蓋元、明間麻沙書坊所僞刻也。」（卷八十九，頁7），列史部史評類存目中，今未見有何書收錄。

　　（五）《歷代奏議》

　　《歷代奏議》十卷，《直齋書錄解題》、《菉竹堂書目》、《金華經籍志》、《光緒金華縣志》均著錄。惟《菉竹堂書目》云二冊，《金華經籍志》載「佚」（志六，頁19）。

　　（六）《國朝名臣奏議》

　　《國朝名臣奏議》十卷，《直齋書錄解題》、《金華經籍志》、《光緒金華縣志》均著錄。《金華經籍志》載「佚」（志六，頁19）。

　　（七）《歐公本末》

　　《歐公本末》四卷，《直齋書錄解題》、《宋史・藝文志》、《文獻通考・經籍考》、《光緒金華縣志》、《金華經籍志》均著錄。據《直齋書錄解題》載，呂祖謙「因觀歐陽公集，考其歷仕歲月，同官同朝之人，略著其事跡。而集中詩文亦隨時附見，非獨歐公本末，而時事時賢之本亦大略可觀。」（卷七，

〔註17〕　《鐵琴銅劍樓藏書目錄》、《金華經籍志》著錄「《西漢精華》十四卷、《東漢精華》十四卷」，《四庫全書總目》及《光緒金華縣志》、僅著錄《東漢精華》十四卷。《金華經籍志》載：「見《直齋書錄解題》」（志八，頁1），經查《直齋書錄解題》並未著錄此書。

傳記類，頁 213）。

《金華經籍志》載「佚」（志七，頁 4）。劉兆祐先生云：「此書萬曆年間猶存，今則亡佚矣。」〔註 18〕

（八）《新唐書略》

《新唐書略》三十五卷，《直齋書錄解題》、《金華經籍志》著錄。《金華經籍志》載「未見」，《直齋書錄解題》云：「呂祖謙授徒，患新史難閱，摘要抹出，而門人鈔之，蓋節本之有倫理者也。」（卷四，別史類，頁 110）

（九）《通鑑詳節》

《通鑑詳節》一百卷，《傳是樓宋元本書目》、《季滄葦書目》、《邵亭知見傳本書目》、《金華經籍志》均著錄，惟冊數略有不同。〔註 19〕《金華經籍志》載「未見」（志八，頁 4）

（十）《宋通鑑節》、《呂氏家塾通鑑節要》

《宋通鑑節》五卷，《呂氏家塾通鑑節要》二十四卷。《宋史‧藝文志》、《金華經籍志》、《光緒金華縣志》均著錄，卷數同。此二書係呂祖謙集掇《資治通鑑》之精要而成書。今已亡佚。

（十一）《東萊先生西漢財論》

《東萊先生西漢財論》十卷，《宋史‧藝文志》、《光緒金華縣志》、《金華經籍志》均著錄。《宋史‧藝文志》載：「呂祖謙論，門人編」（《宋史》卷二百三，頁 5099），《金華經籍志》載「佚」（志十，頁 7）。

（十二）《東萊先生音註唐鑑》

《東萊先生音註唐鑑》二十四卷，《郡齋讀書志》、《直齋書錄解題》、《文獻通考‧經籍考》、《四庫全書總目》、《季滄葦書目》、《絳雲樓書目》、《鐵琴銅劍樓藏書目錄》、《金華經籍志》、《光緒金華縣志》均著錄，惟所著錄卷數

〔註 18〕參見劉兆祐先生著《宋史藝文志史部佚籍考》，（台北：國立編譯館中華叢書編審委員會，民國 73 年）。該書上編傳記類有作者按語：「《明內閣書目》（卷六）猶載此書，云：『《歐公本末》十冊，全，宋歐陽修生平撰述及其行實，呂祖謙編次。《金石錄》附後。』知此書萬曆年間猶存，今則亡佚矣。」

〔註 19〕《傳是樓宋元本書目》載「三十二本」，作者題「呂東萊」（傳宋，頁 7，《叢書集成續編》第四冊，頁 710），《邵亭知見傳本書目》云：「崑山徐氏書目有二部，一大板，一小板，《季滄葦目》亦有宋刊本」（邵目四，史部編年，頁 10），《季滄葦書目》則未列作者，冊數亦不同，僅載：「宋板《通鑑詳節》一百卷，二十本」（史部，頁 24，《叢書集成新編》第二冊，頁 134）。

不一。〔註20〕

《唐鑑》係宋‧范祖禹所撰，時范祖禹任職司馬光通鑑局，分掌唐史，故將其所自得，撰作此書；上自高祖，下迄昭宣，撮其大要，為之論斷。朱熹認為其論「苟簡」，曾輕議之，晚年卻又極為稱舉，以為「不易之論」。原書為十二卷，後呂祖謙作註時乃將其分為二十四卷。今《四庫全書》、《國學基本叢書》、《人人文庫》均有收錄。

（十三）《史說》

《史說》十卷，《郡齋讀書志附志》、《金華經籍志》均著錄，卷數同。《郡齋讀書志附志》載：「東萊先生呂成公之說也」（卷五上，頁 27），《金華經籍志》則云「佚」。

三、子　部

（一）《歷代制度詳說》

《歷代制度詳說》十二卷，《菉竹堂書目》、《四庫全書總目》、《金華經籍志》、《光緒金華縣志》等均著錄，惟卷數不一。〔註21〕

據《四庫全書總目》稱，此書計分十三門，因刊載第三門之原本缺頁，故僅列科目、學校、賦役、漕運、鹽法、酒禁、錢幣、荒政、田制、屯田、兵制、馬政等十二門。前列〈制度〉，簡要敘述之；後列〈詳說〉，則詳予議論古代建制之演變。本書曾於元泰定三年刊刻，前有彭飛〈序〉，然書板久已不存，《四庫全書》所收錄者，係兩淮馬裕家藏本，由於輾轉傳鈔，訛誤、脫頁甚夥。《四庫全書總目》謂已據《通典》所引補足之，然胡宗楙以為「未可盡信」，據云胡氏所藏係「八千卷樓丁氏鈔本」十五卷，較《四庫》本多考績、宗室、祀事三門（參見《金華經籍志》志十四，頁 4）。經查《八千卷樓書目》著錄此書亦「十二卷」，惟下有小字「抄十五卷本」（卷十三，頁 21）。《四庫全書》列子部，類書。

（二）《詩律武庫前後集》

〔註20〕《四庫全書總目》、《鐵琴銅劍樓藏書目錄》、《季滄葦書目》皆著錄「二十四卷」，《絳雲樓書目》、《郡齋讀書志》。《文獻通考‧經籍考》均載「二十卷」，《宋史‧藝文志》、《直齋書錄解題》則云「十二卷」。

〔註21〕《四庫全書總目》、《光緒金華縣志》、《結一廬書目》、均載十二卷，《金華經籍志》載十五卷，《菉竹堂書目》則云「一冊」。

《詩律武庫前後集》三十卷，《宋史‧藝文志補》、《四庫全書總目》、《金華經籍志》均著錄，惟所載卷數不一。〔註22〕《四庫全書總目》將之列子部類書類存目，並稱此書呂祖謙《年譜》未載，且書中「徵引故實大抵習見，在類書中最爲淺陋」，斷定係後人所依託。

（三）《臥遊錄》

《臥遊錄》一卷，《直齋書錄解題》、《文獻通考‧經籍考》、《四庫全書總目》、《金華經籍志》、《現存宋人著述目略》等均著錄。

《四庫全書總目》云此書凡四十五則，「前二十一則全錄劉義慶《世說新語》，次十八則全錄蘇軾襍著及《陶潛集》……其言參差不倫，了無取義。」認係明人所依託。然觀呂祖謙《年譜》，淳熙八年（西元1181年）載有《臥遊錄》。據《文獻通考‧經籍考》及《直齋書錄解題》載：「晚歲病廢，臥家，取史傳所載古今人境勝處錄之，而以宗少文臥遊之語置諸卷首」，觀此，似與《四庫全書總目》所云之取材方式不同，或許二者非同一書。《四庫全書總目》將之置子部雜家類存目。

（四）《近思錄》

《近思錄》十四卷，《直齋書錄解題》、《宋史‧藝文志》、《四庫全書總目》、《金華經籍志》、《光緒金華縣志》、《鐵琴銅劍樓藏書目錄》等均著錄。

此書係朱熹與呂祖謙於淳熙二年（西元1175年）同觀關、洛之書，共同摭取其關於大體、而切於日用者編輯而成，以爲初學者入門之書。有宋‧葉采，清‧茅星來、江永爲之集註。張伯行有《續近思錄》、《廣近思錄》，清有汪佑《增補五子近思錄詳解》，茅星來《近思錄十四卷附說一卷》。今劉氏《傳經堂叢書》、《正誼堂叢書》、《四庫全書》、《四部備要》均收錄。

（五）《金華呂東萊正學編》

《金華呂東萊正學編》一卷，《現存宋人著述目略》著錄，並云宋呂祖謙撰，明趙鶴輯，《牽祖堂叢書》附刻所收錄。他書未見。

〔註22〕《四庫全書總目》載「前後集三十卷」，係江蘇巡撫採進本，《金華經籍志》著錄「前集十五卷，後集十五卷」，《宋史‧藝文志補》則載「《詩律武庫》二十卷，失名」（見《叢書集成新編》第一冊，頁269），既未分前後集各若干卷，亦不知作者爲誰。《香港大學馮平山圖書館善本書錄》著錄《東萊先生分門詩律武庫》二十卷，據云此爲前集，係宋刊本，後集十卷乃補鈔本。目錄題：「《東萊先生詩律武庫目錄》東萊呂氏編于麗澤書院」。

－49－

（六）《少儀外傳》

《少儀外傳》二卷，《郡齋讀書志附志》、《直齋書錄解題》、《宋史・藝文志》、《文獻通考・經籍考》、《四庫全書總目》、《金華經籍志》、《光緒金華縣志》均著錄。此書久已亡佚，故《經義考》註曰：「未見」，《四庫全書》所收錄者，係從《永樂大典》所輯出，首尾完整無缺。其內容為雜取前哲之嘉言善行，訓課幼學立身應世之道，而主要以「謹厚」為本。書名曾命為《辨志》，故《永樂大典》及《文獻通考・經籍考》中另有《辨志錄》，內容與此書全同，蓋一書二名也。

（七）《麗澤論說集錄》

《麗澤論說集錄》十卷，《直齋書錄解題》、《宋史・藝文志》、《文獻通考・經籍考》、〔註23〕《四庫全書總目》、《經義考》、《金華經籍志》、《光緒金華縣志》、《鐵琴銅劍樓書目》均著錄。

此書為呂祖謙門人記錄其平日說經之語，非呂氏自作。全書計分〈易說〉二卷，〈詩說拾遺〉一卷，〈孟子說〉一卷，〈史說〉一卷，〈雜說〉二卷，〈周禮說〉一卷，〈禮記說〉一卷，〈論語說〉一卷，由其弟呂祖儉蒐錄，從子呂喬年補綴次第之。《朱子語類》載：「伯恭更不教人讀《論語》」，而此書集《論語說》竟有六十八條之多，前說不攻自破矣。《四庫全書》及《叢書集成新編》均有收錄。〔註24〕

（八）《呂氏讀書記》

《呂氏讀書記》七卷，《直齋書錄解題》、《百川書志》、《金華經籍志》、《光緒金華縣志》均著錄，惟所載書名與卷數不一。〔註25〕《金華經籍志》云：「佚」

〔註23〕　《經義考》卷二百四十三，頁6，載：「《呂氏祖謙麗澤論說集錄》十卷，存。」，卷二百五十，頁4，又載：「《喬氏年麗澤論說》十卷，未見。」，二者卷數同，所指應為一書，蓋《麗澤論說集錄》係呂祖謙之弟呂祖儉所蒐錄，而呂祖儉之子呂喬年又補綴次第之，前有喬年題記。

〔註24〕　《叢書集成新編》第七十四冊，《呂東萊文集》之卷十二至卷二十即此書（頁451至502），惟分卷略有差異。

〔註25〕　《百川書志》載：「《讀書雜記》四卷，宋東萊呂祖謙著」（百川七，頁8）。《光緒金華縣志》著錄《讀書雜記》四卷，《呂氏讀書記》七卷。《直齋書錄解題》與《金華經籍志》則僅載《呂氏讀書記》七卷，並云：「乾道癸巳淳熙乙未，家居日閱之書，隨意手筆，或數字，或全篇，蓋偶有所感發，或以備遺忘者。」（《直齋書錄解題》卷九，儒家類，頁282）。《讀書雜記》四卷，或為《東萊呂太史別集》卷十二至卷十五之〈讀書雜記〉（見《叢書集成續編》第一二八冊，頁653至674）。

（志十一，頁4）。

　　（九）《閫範》

　　《閫範》十卷，《遂初堂書目》、《直齋書錄解題》、《宋史‧藝文志》、《文獻通考‧經籍考》、《金華經籍志》、《光緒金華縣志》均著錄，惟卷數有別。〔註26〕《直齋書錄解題》稱此書「集經、史、子、傳，發明人倫之道，見於父子兄弟之間者為一篇」（見卷九，儒家類，頁283）。《金華經籍志》云「佚」。

　　（十）《軒渠錄》

　　《軒渠錄》，佚。《金華經籍志》、《光緒金華縣志》著錄。據云：「取兒識父母軒渠笑悅之意」（見《光緒金華縣志》卷十五，頁9），未註卷數。

　　（十一）《觀史類編》

　　《觀史類編》六卷，《金華經籍志》、《直齋書錄解題》、《光緒金華縣志》均著錄。據《直齋書錄解題》稱：此書原分擇善、儆戒、閫範、治體、論議、處事等六門，《閫範》最先成書，張南軒將其刊於鄉郡而別行。宋嘉定年間，詹乂民曾刊刻所餘之五門。今此書已亡佚（見《金華經籍志》志十一，頁5）。

　　（十二）《紫微語錄》

　　《紫微語錄》一卷，《宋史‧藝文志》著錄「呂祖謙《紫微語錄》一卷」（見《宋史》卷二百五，頁5211）。《四庫全書總目》著錄《紫微雜說》一卷，亦將之列呂祖謙名下（見《四庫全書總目提要‧索引》頁291）。

　　《四庫全書總目》卷一百二十一，謂舊本題呂祖謙撰，另有別本則題「東萊呂紫微雜說」而不著姓名。因時人稱呂本中、呂祖謙皆為「東萊先生」，以致傳寫者誤認係呂祖謙之著作。蓋呂本中曾任「中書舍人」職，故稱「紫微」，呂祖謙僅終於「著作郎」，不得稱「紫微」（頁12）。

四、集　部

　　（一）《東萊集》

　　《東萊集》四十卷，《直齋書錄解題》、《宋史‧藝文志》、《萬卷堂書目》、《菉竹堂書目》、《也是園書目》、《季滄葦書目》、《四庫全書總目》、《絳雲樓

〔註26〕《金華經籍志》、《直齋書錄解題》、《文獻通考‧經籍考》、《光緒金華縣志》均著錄十卷，《宋史‧藝文志》載三卷（《宋史》卷二百三，頁5123），《遂初堂書目》載：「呂伯恭《閫範》」未云卷數。（見《叢書集成新編》第二冊，頁6）。

書目》、《金華經籍志》、《光緒金華縣志》等均著錄，惟卷、冊紛雜，著錄不一。〔註27〕從三十九卷至四十八卷不等，此九卷之差距，不知其中併入何書。今《四庫全書》、《叢書集成續編》均收錄此書。

另有《東萊先生文集》二十卷，係王崇炳所編，採《東萊集》之部分文集別集，以及《麗澤論說集錄》編入，其中錯簡、脫文頗多，今收入《叢書集成新編》第七十四冊。

（二）《東萊集註觀瀾文集》

《東萊集註觀瀾文集》六十三卷，《鐵琴銅劍樓藏書目錄》、《金華經籍志》均著錄，惟前者僅收丙集八卷。此書係林之奇編，呂祖謙集註，分甲乙丙三集，全書六十三卷。據《鐵琴銅劍樓藏書目錄》稱：「前四卷皆賦，計張衡以下十五人，五卷以後為說論記，計韓文公以下十三人，惟其間或稱名，或稱字，體例殊不畫一，註則採取舊說，最為簡明」（頁1448）。《金華經籍志》云「存」。

（三）《三蘇文選》

《三蘇文選》五十九卷，《宋史‧藝文志補》、《光緒金華縣志》、《金華經籍志》均著錄，惟書名、卷數著錄不一。〔註28〕《天祿琳瑯書目》云：「三蘇人各為編，凡蘇洵十一卷，蘇軾二十六卷，蘇轍二十二卷，編各分體加以點抹，於題下標注本意，與蜀本及文粹篇目並異。」《金華經籍志》云「存」。

〔註27〕《四庫全書總目》載四十卷：文集十五卷，別集十六卷、外集六卷、附錄三卷。《光緒金華縣志》亦著錄四十卷，然外集僅五卷，多拾遺一卷。

《宋史‧藝文志》、《金華經籍志》、《直齋書錄解題》、《季滄葦書目》皆著錄三十九卷，僅「外集」較《四庫全書總目》少一卷，其他卷數同。

《萬卷堂書目》、《絳雲樓書目》著錄四十七卷，前者僅載「東萊集四十七卷」，後者則詳列：「文集十五，別集十六，外集三，麗澤論說集錄十，附錄三」（孝目，頁87，《叢書集成續編》第五冊，頁212）。

《也是園書目》著錄四十八卷：呂東萊集四十卷，外集八卷。（也六，頁6，同上書第五冊，頁57）。

《蓑竹堂書目》僅載《呂東萊文集》十一冊，（《叢書集成新編》第二冊，頁29）。今《叢書集成續編》第一二八冊，收錄《東萊呂太史集》四十三卷，其中附〈考異〉三卷。

〔註28〕《宋史‧藝文志補》著錄書名為《呂祖謙三蘇文選》，《金華經籍志》作《呂氏家塾增注三蘇文選》，二者皆著錄五十九卷。《光緒金華縣志》載《東萊標注三蘇文集》三十九卷。故知此書為呂祖謙編或標注。《宋史‧藝文志補》另有蔡文子注《三蘇文選》或係蔡注單行本。

（四）《東萊集詩》

《東萊集詩》二卷，《宋史・藝文志》、《季滄葦書目》、《光緒金華縣志》、《金華經籍志》均著錄，惟卷數略異。〔註29〕《金華經籍志》云「佚」。

（五）《東萊尺牘》

《東萊尺牘》五卷，《百川書志》，《光緒金華縣志》著錄，此書或爲《東萊呂太史別集》中第七卷至第十一卷之單行本。〔註30〕（見《叢書集成續編》第一二八冊，頁 613 至 652）。

（六）《離騷章句》

《離騷章句》一卷，《郡齋讀書志附志》、《金華經籍志》均著錄，惟後者云「佚」。《郡齋讀書志附志》謂此書係呂祖謙所分，「以《離騷》經一篇爲十六章，公謂王逸嘗言，劉向典校分離騷爲十六卷，班固、賈逵各作《離騷章句》，惟一卷傳⋯⋯因逸之言即《離騷》一篇反復求之，考其文之起伏，意之先後，固有十六章次第。」因而分爲十六章。（見《郡齋讀書志附志》卷五下，頁 1）。

（七）《麗澤集詩》、《麗澤集文》

《麗澤集詩》三十五卷，《麗澤集文》十卷，《鐵琴銅劍樓藏書目錄》、《脈望館書目》、《金華經籍志》著錄，然《脈望館》僅著錄《麗澤集》八本，一套。其著錄情況與篇卷細目，《鐵琴銅劍樓藏書目錄》述之甚詳（頁 1449 至 1450），劉昭仁先生《呂東萊之文學與史學》一書也有引述（頁 64），可參考。

（八）《古文關鍵》

《古文關鍵》二卷，《宋史・藝文志》、《季滄葦書目》、《四庫全書總目》、《金華經籍志》、《光緒金華縣志》等均著錄，惟卷冊參差。〔註31〕據《四庫全書總目》稱；此書爲呂祖謙取韓愈、柳宗元、歐陽修、曾鞏、蘇洵、蘇軾、張耒之文，凡六十餘篇，各標舉其命意布局之處，示學者以門徑，故稱「關鍵」。宋・陳振孫《直齋書錄解題》亦著錄二卷，與今本卷數相同，《宋史・

〔註29〕《季滄葦書目》著錄《呂東萊詩集》二十卷，四本（見《叢書集成新編》第二冊，頁 141）。

〔註30〕上海商務印書館 1913 年所發行《呂東萊書牘》分上、下兩冊。上冊收錄《東萊呂太史別集》中第七、八卷；下冊收錄第九至十一卷。唯下冊缺尺牘四第 22 至 27 頁間十餘封書信。

〔註31〕《脈望館書目》著錄「二本」（脈望，秋二十五），《宋史・藝文志》、《季滄葦書目》均著錄二十卷，後者有「又一部四本」（見《叢書集成新編》第二冊，頁 134）。

藝文志》著錄二十卷，疑「十」字係誤增。今《四庫全書》、《叢書集成新編》均收錄，《廣文書局》民國五十九年有影印本。

（九）《宋文鑑》

《宋文鑑》一百五十卷，《直齋書錄解題》、《宋史‧藝文志》、《百川書志》、《四庫全書總目》、《季滄葦書目》、《金華經籍志》等均著錄，然有未著錄卷數者。〔註32〕關於此書之校正經過、各家評議、板本等，《金華經籍志》中收有《直齋書錄解題》、《四庫全書總目》、《平津館鑑藏記》、《愛日精廬藏書志》、《鐵琴銅劍樓藏書目錄》、《日本訪書志》及胡宗楙按語等，述之已詳（志二十二，頁6～11），劉昭仁先生《呂東萊之文學與史學》一書亦有論述（頁65），可參看。

（十）《三大禮賦注》

《三大禮賦注》一卷，《述古堂藏書目》、《金華經籍志》、《光緒金華縣志》均著錄，後二書皆引自《述古堂藏書目》，而《述古堂藏書目》僅著錄「呂東萊注《三大禮賦》一卷，宋本影抄」（卷二，頁19，收入《叢書集成新編》第二冊，頁118）。故未知此書是否呂祖謙所撰，《金華經籍志》云：「未見」。

〔註32〕《季滄葦書目》著錄：「宋刻《聖宋文海》六本，不全」（見《叢書集成新編》第二冊，頁135），《脈望館書目》載「《宋文鑑》二十本」（見《叢書集成續編》第四冊，頁49）。

第四章 《呂氏家塾讀詩記》之成書經過、版本與體例

第一節 成書經過

呂祖謙對《詩經》學方面的論述，除了文集、詩說外，最主要的是他的著作——《呂氏家塾讀詩記》，其著書之旨，從尤袤淳熙壬寅（西元 1182 年）九月〈序〉中，即可窺知，其云：

> 六經遭秦火，多斷缺，惟三百篇幸而獲全。漢興，言詩者三家，毛氏最著，後世求詩人之意於千百載之下，異論紛紜，莫知折衷，東萊呂伯恭病之，因取諸儒之說，擇其善者，萃為一書，間或斷以己意，於是學者始知所歸一。（見《呂氏家塾讀詩記》頁 1896）

故知，自漢迄宋，已年代久遠，學者求詩人之意而不可得，尤其自歐陽修、王安石、蘇轍、張載等人說詩之後，學者紛紛師法孟子「以意逆志」，其間雖能有所發明，然「說者愈多，同異紛紜」（《呂氏家塾讀詩記·朱序》），使後人無所適從，故呂祖謙取眾家之說，擇其善者，編成一書。

其編此書，只是「為諸弟輩看」（見〈與朱侍講〉，尺牘二，頁 14），故冠以「呂氏家塾」之名，其訓詁編得極詳，並寫出諸家姓氏，令人一見即知其出處。在〈雜說〉中亦表明「今所編詩不去人姓名，正欲令人見元初說著」（《叢書集成續編》第一二八冊，頁 715）。

據《東萊集附錄》卷一《年譜》所載，呂祖謙於宋孝宗淳熙元年（西元 1174 年）開始編《讀詩記》，時已遣散諸生，居婺州守喪。淳熙三年（西元 1176

年），其女華年于歸，呂祖謙遷塾至右司宅，復編《讀詩記》，其後又重修《徽宗實錄》、奉旨校正《聖宋文海》等，俟逐一完成後，已積勞成疾得痺病。淳熙六年（西元 1179 年）記載「復修《讀詩記》」，其〈庚子辛丑日記〉中詳細記載其修《讀詩記》之進度，從淳熙七年（西元 1180 年）正月一日，至淳熙八年（西元 1181 年）七月二十七日，從不間斷，編《大事記》、修《讀詩記》同時進行；幾乎一日《大事記》，一日《讀詩記》，交叉記錄。以攣痺之手，日日不懈地寫作。日記終于淳熙八年（西元 1181 年）七月二十七日，即逝世之前二日，其下猶記載「〈公劉〉一章」（《東萊集》卷十五，頁 31），足見其《讀詩記》已修至〈大雅·公劉〉第一章。其弟呂祖儉於〈公劉〉首章之後附記云：

> 先兄己亥之秋，復修是書，至此而終。自〈公劉〉之次章訖於終篇，則往歲所纂輯者，皆未及刊定。如〈小序〉之有所去取，諸家之未次先後，與今編條例多未合。今不敢復有所損益，姑從其舊，以補是書之闕云。（《呂氏家塾讀詩記》卷二十六，頁 1809）

呂祖謙撰作及修訂《呂氏家塾讀詩記》，從三十八歲至四十五歲止，去世之前二日仍持續修訂之工作，雖未完成，然從〈大雅·公劉〉之次章起，至終篇，乃往年所撰而尚未修訂之原稿，並非如陸鈇〈序〉中所云：「〈公劉〉以後，編纂未就，其門人續成之。」〔註1〕此書在他所作的經部著作中，可說是較完整的一部，〔註2〕最能凸顯呂祖謙博覽文獻的治學工夫。

　　呂祖謙去世後，其友邱宗卿於宋孝宗淳熙九年（西元 1182 年）九月刊刻此書，〔註3〕而後，眉山賀春卿又重刻是書，《四庫全書總目》稱：「時去祖謙沒未遠，而版已再新，知宋人絕重是書也。」〔註4〕（卷十五，詩類一，頁 25）。

〔註 1〕 參見《四庫全書》第七十三冊，頁 323，陸鈇《呂氏家塾讀詩記·原序》云：「呂氏凡二十二卷，乃〈公劉〉以後，編纂未就，其門人續成之。」《直齋書錄解題》、《宋史·藝文志》均著錄三十二卷，可知宋本已是三十二卷，其二十二卷未知從何而來。至於「門人續成」一事，呂祖儉之附記已足以說明陸氏之非。

〔註 2〕 呂祖儉《書說》書後〉云：「整次《讀詩記》，猶未終篇，《書》及《三禮》，皆未及次第考論，而《書》則猶口授」（參見《四部要籍序跋大全》經部甲輯上冊，頁 124）故知經部著作中《呂氏家塾讀詩記》是較完整的一部。

〔註 3〕 朱熹〈序〉云：「伯恭父之弟子約，既以是書授其兄之友邱侯宗卿，而宗卿將為版本以傳永久，且以書屬熹序之，熹不得辭也。」（見《呂氏家塾讀詩記·朱序》）。

〔註 4〕 《呂氏家塾讀詩記·後序》，魏了翁云：「眉山賀春卿欲刻此書，以廣其傳，

　　據呂祖謙〈庚子辛丑日記〉知此書原名《讀詩記》，後人尊重其著書之目的原爲子弟們所編，故刊刻時定名《呂氏家塾讀詩記》。

第二節　版　本

　　《呂氏家塾讀詩記》三十二卷，《宋史・藝文志》、《直齋書錄解題》、《遂初堂書目》、《萬卷堂書目》、《也是園書目》、《絳雲樓書目》、《金華經籍志》、《四庫全書總目》、《鐵琴銅劍樓藏書目錄》、《中國古籍善本書目・經部》等均著錄。卷數同，惟書名小異耳。〔註 5〕

　　今存之版本，可見者有如下數種：

一、宋刊本

（一）上海涵芬樓據瞿氏鐵琴銅劍樓藏宋刊本影印，分別收入《四部叢刊續編》與《四部叢刊廣編》經部，台北市台灣商務印書館民國六十五年（《續編》）及七十年（《廣編》）發行，據張元濟〈跋〉稱，此本係宋孝宗時本。

　　此本每半頁 9 行，行十九字，小字雙行。據今影本，板高十一・一公分，寬十五公分，左右雙欄，板心刻有書名《讀詩記》及卷次、頁碼，單、雙魚尾兼俱，上象鼻記所刻字數、下象鼻記刻工姓名，如吳志、劉文、周祥、彭達、宋敏、劉安、劉永、范從、鄧安、高安禮等。此本卷前無目錄、無書中所採諸家解之姓氏表，亦無引用書目。惟前有朱熹於淳熙壬寅九月所撰之〈呂氏家塾讀詩記序〉，後有尤袤淳熙壬寅重陽後一日所書之序，從以上二序知，此本爲淳熙九年（西元 1182 年）邱宗卿於江西漕臺所刻。經頂格，注較經文低一格，附注則雙行細字，呂祖謙之解又視經文低兩格。宋諱朗、殷、匡、筐、恆、楨、貞、樹、勖、桓、觀、菁、愼等字，皆缺末筆，而惇、敦字不

　　而屬余序之。」（參見《叢書集成新編》第五十五冊，頁 660）。
〔註 5〕《宋史・藝文志》著錄：「呂祖謙《家塾讀詩記》三十二卷。」《遂初堂書目》、《萬卷堂書目》、《也是園藏書目》均著錄：「《呂氏讀詩記》三十二卷」，《絳雲樓書目》載：「《呂東萊讀詩記》」，《金華經籍志》著錄：「《家塾讀詩記》三十二卷」，《直齋書錄解題》、《鐵琴銅劍樓藏書目錄》、《四庫全書總目》、《善本書室藏書志》、《中國古籍善本書目》均著錄：「《呂氏家塾讀詩記》三十二卷」。

缺筆，故知此書當刻於宋孝宗時。卷首、卷末俱有「毘陵周氏九松迁叟藏書記」、「周良金印」、「周笈私印」諸印記。

（二）宋淳熙九年江西漕臺刻本二十冊。此本每半葉九行，行十九字，小字雙行，白口，左右雙欄。北京圖書館收藏一部。〔註6〕

（三）十六冊本，此本每半葉十二行，行二十二字，小字雙行，小黑口，四周雙欄。北京圖書館、上海圖書館均收藏一部，然後者所藏係殘本。

（四）十四冊本，卷十五至十六配清初刻本。缺卷十八至卷二十，僅存二十九卷，北京圖書館收藏。

二、明刊本

（一）明嘉靖辛卯（十年）傅應臺南昌刊本

此本板高十四·八公分，寬十二·三公分，小黑口，左右雙欄，板心標卷次與頁次，每半葉十四行，行十九字，小字單行，字多從古，紙張粗劣，印刷差。前有朱熹序、目錄、所採諸家解之姓氏表、引用書目等，卷端題《呂氏家塾讀詩記》卷第一，每卷卷首有「足本」及「堅頎祕笈識者寶之」朱記，注中引諸家姓氏有黑底白章者，有白文者，頗參差不齊。經文頂格，注低一格，呂祖謙注則另提行，較諸家解低一格，即低於經文二格。自卷十九〈彤弓〉以下，呂祖謙注則以黑底白章之「東萊曰」取代，夾於句中，與諸家解同。國立中央圖書館善本室藏有三部，其中一部前有清朝孫星衍手書題記曰：

> 《呂氏家塾讀詩記》卅二卷，天祿琳琅所收宋版巾箱本即此書，蓋明時即本故紙。色不古然的是宋刻也。宋人用己言說經，遂至爭立門戶，使學者無所適從，朱文公作序亦知其弊，呂氏是書尚能謹其說之所自，引據古書，如崔靈恩集注諸本爲今代所無，足資考訂，亦足寶也。

並有「淵如」、「畏齋藏書」、「蔥石讀書記」、「欆菴審定善本」、「宜春堂」、「貴池劉世珩鑑藏經籍金石書畫記」、「聚學書藏」、「止泗嗣守」等朱記。

此刊本國立故宮博物院圖書館、日本靜嘉堂文庫均收藏。又，大陸北京圖書館收藏四部，其中一部有鄧邦述跋文。上海圖書館收藏三部，其一有清

〔註6〕本節所述大陸收藏刊本，係參考《中國古籍善本書目·經部》。

徐松跋、葉景葵跋。有一部殘本，缺卷一至卷十六，卷二十至卷二十一，僅存十四卷，有嚴虞惇校閱，並附識語。南京圖書館收藏一部，有清丁丙跋文。湖南省圖書館所藏係殘本，僅存卷十七至卷十九，三卷，有清許瀚批校並跋。此外，北京大學圖書館、中國人民大學圖書館、中國科學院圖書館、中國社會科學院文學研究所、北京市文物局、天津圖書館、山西師範學院圖書館、吉林省圖書館、東北師範大學圖書館、南京博物院、浙江圖書館、天一閣文物保管所、杭州大學圖書館、福建省圖書館、重慶市圖書館等，均藏有一部。

（二）明萬曆癸丑（四十一年）南京吏部刊本

此本板高二〇・七公分，寬十四・六公分，左右雙欄，白口，單魚尾，板心刻有書名《呂氏讀詩記》、卷次、頁碼，下象鼻有刻工姓及所刻字數。每半葉十行，行二十字，小字雙行。首頁有顧起元於明萬曆癸丑上元日所書〈重刻呂氏讀詩記序〉，次列校書人姓氏：

> 南京吏部後學李萬化君一、胡承詔君麻、陳龍光伯爲、談自省季曾、
> 史樹德仲培父、於倫惇之、楊荷春元復、蘇進瞻叔、程國祥仲若全校。

次列陸釴嘉靖辛卯〈刻呂氏讀詩記序〉，及朱熹序。有引諸家解之姓氏表、目錄、引用書目。卷端題「呂氏家塾讀詩記卷第一」，經頂格，注低一格，書中所引諸家解皆白文，如「〔毛氏曰〕」，呂祖謙解則另提行，較諸家解低一格，自卷十九〈彤弓〉篇以下，始與諸家解同，以「〔東萊曰〕」夾於句中，不另提行。

此本亦源出嘉靖刻本，而變更其行款格式、字體，改單行注爲雙行，「目錄」與所引諸家姓氏表之次序對調，其中缺頁、脫文甚夥，諸如卷一〈詩樂〉，缺第四條：

> 《論語》子與人歌而善，必使反之，而後和之。注云：樂其善，使
> 重歌而自和之。程氏曰：歌必全章也。師摯之始，關睢之亂，洋洋
> 乎盈耳哉。注云：師摯，魯大師之名；始，首也。師摯首識關睢之
> 聲，而理其亂者。

卷二十七，頁35，自第十九行末字起，至頁37止，約千餘字，係後來所補抄，字體、行款均與此本不同。又，卷二十八〈昊天有成命〉章，頁8，第一行，脫「成王非基命之君，而周之奄有四方」十四字。頁12，脫「鄭氏曰：育，養也。蘇氏曰：率育，徧養也。朱氏曰：后稷貽我民有來牟之種。」二十七字。以上缺文應爲傳抄佚脫，校勘不精，於此可見。

此本臺北國立中央圖書館善本室藏有兩部，二者惟所分之冊數不同，一爲六冊，另一則十六冊。前者之第一冊首頁有「希世右文」及「詩庭謹識」朱記，每冊卷前有「修廬藏書」朱印鈐於書眉上方。據顧起元序云：「余家有藏本，南考功陳君取而諷焉，謀于寮蘇君、程君授諸梓。」知係陳龍光刊本。日本內閣文庫亦收藏一部。又，北京大學圖書館、中國人民大學圖書館、中國科學院圖書館、中國社會科學院文學研究所、中國社會科學院歷史研究所、華東師範大學圖書館、遼寧大學圖書館、吉林省圖書館、陝西省圖書館、新疆大學圖書館、揚州市圖書館、南京博物院、河南省圖書館、四川南充師範學校圖書館、復旦大學圖書館等均收藏。復旦大學另有一殘本，缺卷二十五至卷二十七，僅存二十九卷，有清焦循跋。寶應縣圖書館所藏有清朱彬批校，南京圖書館所藏有清丁丙跋文。

（三）北京大學圖書館藏有明抄本一部。

三、清刊本

（一）《四庫全書薈要》本、《四庫全書》本。

此二本所收係陸鈊重刊本，[註7] 陸鈊稱得宋本於豐存叔，刻於南昌，然只載朱熹序，不載尤袤序，行款與宋本不同，其中甚多訛脫。以《四部叢刊續編》所收之鐵琴銅劍樓藏宋刊本相校，卷十九〈小雅・車攻〉第七章注「故自左膘」以下脫三十一字（《四庫全書》第七十三冊，頁553。《四庫全書薈要》第二十六冊，頁247），卷二十〈十月之交〉第八章注「勉之而已，故不敢傚」以下脫三十二字（《四庫全書》頁584，《四庫全書薈要》頁279），諸如此類者，不勝枚舉。又，《四庫全書》中，有夷狄之辨，或民族意識較強的字句，都遭刪改，如卷十九〈彤弓〉第一章呂祖謙解：「所謂專征者，如四夷入邊，臣子簒弒。」，其中「四夷」二字被改爲「寇盜」（頁540）。

（二）清嘉慶十四年張海鵬刻《墨海金壺》本

此本板高十四・二公分，寬一〇・三公分，左右雙欄，大黑口，板心刻有書名「呂氏讀詩記」、卷次、及頁碼。每半葉十一行，行二十三字，小字雙行。

〔註7〕 《四庫全書總目》載：「此本爲陸鈊所重刊，鈊序稱得宋本於友人豐存叔。呂氏書凡二十二卷，〈公劉〉以後其門人續成之。」《四庫全書薈要》云：「祖謙所纂僅二十餘卷，〈公劉〉以下乃其門人所續成，陸鈊云得古本於豐氏存叔，不知存叔又何所本」（第二十六冊，頁7）。

首頁為原序（朱熹序），以下依次為舊序（顧起元序）、陸釴序、呂氏家塾讀詩記姓氏、呂氏家塾讀詩記目錄、呂氏家塾讀詩記提要。卷端題「呂氏家塾讀詩記卷一」，經頂格，注低一格。書中所引諸家解皆以中括弧加白文，如「〔毛氏曰〕」。呂祖謙之解則另提行，視經文低兩格。自卷十九〈彤弓之什〉以下，呂祖謙之解以「〔東萊曰〕」三字夾於句中，與諸家解同，不另提行。此本收入《百部叢書集成初編》之四十七，第一、二函。臺灣文友書店曾據一九二一年博古齋刊本影印，臺北藝文印書館則據《百部叢書集成初編》本影印，然皆未見出版年月（臺北國立中央圖書館善本室所藏普通本線裝書為藝文印書館於 1971 年六月十六日所繳）。長沙商務印書館一九三七年十二月據此本排印，收入《叢書集成初編》第一七一六冊至一七二三冊。臺北新文豐出版公司於一九八四年六月又據此排印本整理影印，收入《叢書集選》四一九及四二○冊，一九八五年《叢書集成新編》第五十五冊。

（三）清嘉慶十六年重雕谿上聽彝堂藏板

此本係線裝書，計十二冊，藏臺灣大學研究圖書館。板高二十公分，寬十四・三公分，四周雙欄，板心刻有書名「呂氏讀詩記」、卷次、以及頁碼，白口，單魚尾。每半葉十行，行二十字，小字雙行。

前有草書〈重刻呂氏讀詩記序〉末署「萬曆癸丑上元日江寧後學顧起元撰并書」等字樣。次列南京吏部史樹德、李萬化、胡承詔，陳龍光、談自省、於倫、楊荷春、蘇進、程國祥等九人仝校之姓氏，次有陸釴於嘉靖辛卯孟冬所撰之〈刻呂氏讀詩記序〉，次刊朱熹淳熙壬寅九月〈呂氏家塾讀詩記序〉，次為《呂氏家塾讀詩記》所採諸家姓氏表，下接〈呂氏家塾讀詩記目錄〉，該目錄卷之一〈卷帙〉誤刻〈卷耳〉，卷之七〈君子行役〉之「役」字，以一長方形墨等代之，卷之十〈汾沮洳〉，只刻「汾」字，以下空白，〈十畝之間〉，中間「畝之」二字空白。〈目錄〉之後列《呂氏家塾讀詩記》引用書目。

此本卷一〈詩樂〉項下缺《論語》一條，計七十五字：「《論語》子與人歌而善，必使反之，而後和之。注云，樂其善，使重歌而自和之。程氏曰，歌必全章也。師摰之始，關雎之亂，洋洋乎盈耳哉。注云，師摰，魯大師之名；始，首也，師摰首識關雎之聲，而理其亂者。」，卷二十八，頁 8，「自彼成康，奄有四方」以下缺「成王非基命之君，而周之奄有四方」十四字。卷二十八，頁 12，「牟，大麥也。」之下又缺「鄭氏曰：育，養也。蘇氏曰：牟育，徧養也。朱氏曰：后稷貽我民以來牟之種。」等二十七字，接下之「李

氏曰」又誤爲「朱氏日」。除此之外,《四庫全書薈要》、《四庫全書》自〈小雅・車政〉第七章注以下脫三十一字,卷二十〈十月之交〉第八章以下脫三十二字,及以後之甚多訛脫,此本皆有,可說是訛誤較多的一本。又,南京圖書館所藏此本,有清李芝綬跋,並錄清王振聲校。

（四）清康熙納蘭成德通志堂抄本。

此本每半葉十一行,行二十字。小字雙行,行三十字,小紅格,白口,左右雙欄,收藏於北京圖書館。此本書名爲《東萊先生呂氏讀詩記》,與前述諸本不同。

（五）清・錢儀吉編《經苑》本。〔註8〕

此本板高十九公分,寬十四公分,四週雙欄,白口,單魚尾,板心刻有書名「呂氏讀詩記」,及卷次、頁碼。每半頁十行,每行二十字,小字雙行。首頁只印篆書「呂氏家塾讀詩記」七字,次「欽定四庫全書提要」,以下依次爲「刻呂氏讀詩記序」（陸鈇序）、「呂氏家塾讀詩記序」（朱熹序）、「呂氏家塾讀詩記姓氏」、「呂氏家塾讀詩記目錄」、「呂氏家塾讀詩記引用書目」。卷端提「呂氏家塾讀詩記卷一」,經頂格,注低一格,書中所引諸家解皆以白文夾於句中,無中括弧（〔〕）隔開。呂祖謙之解則另提行,視經文低兩格,然自卷十九〈彤弓〉篇以下,呂祖謙之解不另提行,以「東萊日」三字夾於句中,與諸家解同。從第一卷至第三十二卷,每卷卷末有「後學楊以增校訂」字樣。明萬曆本中之訛說、缺頁,此本皆已補正。

（六）清同治光緒間永康胡氏退補齋刊本〔註9〕

此本板高十九・七公分,寬十三・二公分,四週雙欄,白口,單魚尾,板心刻有卷次、書名「呂氏家塾讀詩記」、頁次,及退補齋藏板等。每半葉九行,行二十字,小字雙行。首頁印有大字「金華叢書」,及小字「呂氏家塾讀詩記三十二卷」一行。次頁篆書「退補齋開雕」五大字,上鈐有「臺北帝國大學圖書印」朱記一枚,及「昭和 5・3・14」藍色小字,可見此本係日據時

〔註8〕 臺北國立中央圖書館善本書室所藏普通本線裝書,清・錢儀吉編,清道光咸豐間大梁書院刊,同治七年門人王儒行印本。收入《經苑》第三十三至四十二冊,計十冊。

〔註9〕 《金華叢書》六十七種七百二十卷,清・胡鳳丹輯,清同治光緒間永康胡氏退補齋刊,民國 14 年補刊本,計二百七十五冊,三十二函。《呂氏家塾讀詩記》一書收入其中第二十冊至三十一冊,共十二冊。此本爲普通本線裝書,現藏國立臺灣大學研究圖書館。

代所收藏。

　　以下依次爲「呂氏家塾讀詩記序」（胡鳳丹於同治十二年癸酉三月序）、「呂氏家塾讀詩記序」（朱熹序）、「刻呂氏讀詩記序」（陸鈇序）、「呂氏家塾讀詩記姓氏」、「呂氏家塾讀詩記目錄」、「呂氏家塾讀詩記引用書目」、「群書拾補附錄」（盧抱經堂本）等。卷端題「呂氏家塾讀詩記卷第一」，隔行低一格題「宋呂祖謙撰」、「郡後學胡鳳丹月樵校梓」，自卷第一至卷第三十二皆如此。經頂格，注低一格，書中所引諸家解以「〔張氏曰〕」、「張氏曰」兩種型式夾於句中，呂祖謙之解則另提行，視經文低兩格。然自卷十九〈彤弓〉篇以下，呂祖謙之解則不另提行，以「東萊曰」三字夾於句中，與諸家解同。而民族意識較強之字句，諸如「所謂專征者，如四夷入邊，臣子篡弒」等（卷十九，頁 1），在《四庫全書薈要》及《四庫全書》中已遭刪改，但此本中卻又還其本來面目。至於胡鳳丹〈序〉中所謂「另纂辨僞考異二卷附於後」者，經查此本並無「辨僞考異」，僅盧文弨《群書拾補》五頁，附於「呂氏家塾讀詩記引用書目」與「呂氏家塾讀詩記卷第一」之間，未知是否即胡鳳丹〈序〉中所云之「辨僞考異二卷」。

第三節　體　例

　　欲研究呂祖謙之《詩經》學，應先對他的《詩經》著述《呂氏家塾讀詩記》體例有所瞭解。其體例首述〈綱領〉，引《論語》、《孟子》、《文中子》，以及程氏、張氏、謝氏之說，申述孔子《詩》教之大端，以及《詩》之功用與讀法。例如就《論語・爲政篇》「詩三百，一言以蔽之，曰：『思無邪』」句，引謝氏之說曰：

　　　君子之於詩，非徒誦其言，又將以考其情性……率皆樂而不淫，憂而不困，怨而不怒，哀而不愁。如〈綠衣〉，傷己之詩也，其言不過曰：「我思古人，俾無訧兮。」〈擊鼓〉，怨上之詩也，其言不過曰：「土國城漕，我獨南行。」至軍旅數起，大夫久役，止曰：「自詒伊阻，行役無期。」度思其危難以風焉，不過曰「苟無飢渴」而已，若夫言天下之事，美盛德之形容，固不待言而可知也，其與憂愁思慮之作，孰能優游不迫也，孔子所以有取焉。作詩者如此，讀詩者其可以邪心讀之乎。（卷一，頁 1440）

以上充分顯示了溫柔敦厚之詩教，雖無呂祖謙之說解，然以其所引來印證呂氏之著作，可發現二者十分相近；《呂氏家塾讀詩記》卷五有云：「詩人以無邪之思作之，學者亦以無邪之思觀之，閔惜懲創之意，隱然自見於言外矣。」（頁1501）。對於《詩》之功用則引《論語·陽貨篇》：

> 小子，何莫學夫詩！詩，可以興；可以觀；可以群；可以怨。邇之事父；遠之事君。多識於鳥獸草木之名。

〈泰伯篇〉：

> 興於詩；立於禮；成於樂。

〈子路篇〉：

> 誦詩三百，授之以政，不達；使於四方，不能專對；雖多亦奚以為！

可知《詩》具有涵養品德、通達世務、嫻熟辭令之功用，除此之外，尚可多識鳥獸草木之名。至於讀《詩》之法，則引張氏曰：

> 知詩莫如孟子，以意逆志，讀《詩》之法也。（頁1441）

> 求詩者貴平易，不要崎嶇求合，詩人之情溫厚、平易、老成，今以崎嶇求之，其心先狹隘，無由可見。（頁1442）

又引程氏曰：

> 《詩》、《易》、《春秋》不可逐句看，作詩者未必皆聖賢，當時所取者，取其意思，止於禮義而已，其言未必盡善。（頁1442）

其所引與呂祖謙〈詩說拾遺〉之說法相近：

> 凡觀《詩》須先識聖賢所說大條例，如孟子言：「不以文害辭，不以辭害志。」又〈大序〉言：「言之不足，故嗟歎之。」又橫渠言「置心平易，始知詩」之類皆是。（《呂東萊先生文集》卷十五，收入《叢書集成新編》第七十四冊，頁473）

> 看《詩》者，欲懲穿鑿之弊，欲只以平易觀之，若有意要平易，便不平易。（同上）上蔡曰：善乎明道之言《詩》也，未嘗章解而句釋也，優游吟諷，抑揚舒疾之間，而聽者已煥然心得矣。（同上）

詩三百篇為前人情感之自然流露，詩人之情本樂易，所詠大多為眼前事，故應「優游吟諷」，不宜太拘泥文辭，以致失其本意。

次言〈詩樂〉，舉《尚書》、《周禮》、《儀禮》、《論語》、《禮記》、《左氏傳》、《荀子》、《史記》，以及毛氏、張氏之說，來釋明詩樂與國之治、亂，及禮儀間之關係。譬如《尚書》記載：

詩言志，歌永言，聲依永，律和聲。

詩是表達意志的，歌是將語言聲調拖長的，樂聲要依照著曼長的歌聲，用律呂的標準來調和樂聲，各種音樂都和諧，就不會失了次序，帝王藉六律、五聲來考察治亂。〔註10〕《左傳》載，吳公子季札來聘，樂工爲之歌〈周南〉、〈召南〉、〈邶風〉等，其從樂聲中即可聽出當時之社會狀況，如：

> 美哉！始基之矣，猶未也，然勤而不怨矣。……憂而不困者也，吾聞衛康叔武公之德如是，是其衛風乎？……思深哉，其有陶唐氏之遺民乎？不然，何憂之遠也，非令德之後，誰能若是。（《尚書‧堯典》）。

而《周禮》亦記載當時大司樂職掌大學的教法，治理王國學政，集合國子施以樂德、樂語、樂舞之教育，使進退應節皆合乎禮，〔註11〕呂祖謙引毛氏曰：「古者教以詩樂，誦之、歌之、弦之、舞之。」（卷一，頁 1445）。

言〈刪次〉，引《論語》、《孟子》、孔氏、歐陽氏、張氏、程氏、王氏等之說，以言孔子之刪詩，風、雅、頌之編比次第。關於孔子刪詩，引孔穎達曰：

> 《史記‧孔子世家》云古者詩本三千餘篇，去其重，取其可施於禮義者三百五篇。案書、傳所引之詩見在多，亡逸者少，則孔子所錄不容十分去九，馬遷言古詩三千餘篇，未可信也。

附注又引歐陽氏曰：

> 司馬遷謂古詩三千餘篇，孔子刪之，存者三百。鄭學之徒皆以遷之謬言，古詩雖多，不容十分去九，以予考之，遷說然也，何以知之，今書、傳所載逸詩何可數也，以鄭康成《詩譜圖》推之，有更十君而取其一篇者，又有二十餘君而取其一篇者，由是言之，何嘗乎三千。（頁 1446）

〔註10〕《尚書‧皋陶謨》：帝曰：「予欲聞六律、五聲、八音，在治忽，以出納五言，汝聽。予違，汝弼。……工以納言，時而颺之。」天子說：「我要聽六種樂律、五種聲調、八種樂音，藉以考察治亂；用來宣布且採納合乎五常的言論，你們須仔細聽清楚。我要是有過失，你們就輔助（諫正）我。……官員的任務在於採納人民的言論（轉達天子），人民言論若是純正的，就薦舉他。」（《尚書今註今譯》頁 26～28）

〔註11〕《周禮》卷六〈春官‧宗伯〉下：「以樂德教國子中、和、祇、庸、孝、友；以樂語教國子興、道、諷、誦、言、語；以樂舞教國子舞雲門、大卷、大咸、大磬、大夏、大濩、大武。」（《周禮今註今譯》頁 231）。

孔氏、歐陽氏對孔子是否刪詩，見解迥異，呂祖謙採而兼存，其下並無己說。至於風、雅、頌之排比次第，其引程氏曰：

> 詩有四始，而風居首……本乎一人而成國俗，謂之風；發於正理而形於天下謂之雅；稱美盛德與告其成功謂之頌。先之家及於政，以底成功。……諸國之風先後各有義；〈周南〉、〈召南〉陳正家之道以風天下，人倫之端，王道之本，風之正也，故爲首。……及乎周道衰，政教失，風遂變矣，於是諸侯擅相侵伐，衛首并邶鄘之地，故爲變風之首。……刑政不能治天下，諸侯放恣，擅相并滅，王迹熄矣，故雅亡而爲一國之風。……王業成而爲政天下，故次以雅。……天下之治，始於以正風風天下，其終也盛德之著，而成功可以告於神明，始終之義也，故次以頌。（頁1447）。

十五國風之先後次第，各有其義，先正風，後變風。二南之後次衛，「衛」爲變風之首，以「衛」分之，知「王」非正風。〈雅〉之先〈小雅〉，後〈大雅〉，有積漸之義。魯是周同姓，故置於〈商頌〉之前。

言〈大小序〉，則首引程氏曰：

> 學《詩》而不求《序》，猶入室而不由戶也。或問《詩》如何學？曰：只於〈大序〉中求。又曰：國史得詩必載其事，然後其義可知，今〈小序〉之首是也，其下則說《詩》者之辭也。……《詩·小序》要之皆得大意，只後之觀《詩》者亦添入。（頁1448）

程頤以爲〈小序〉是國史所作，亦有後人添入；〈詩大序〉是孔子作。學《詩》於〈詩大序〉中求即可。「學《詩》而不求《序》，猶入室而不由戶也」，呂祖謙之尊崇《詩序》，顯然是承繼程頤之說。

言〈六義〉，認爲一篇《詩》中，有兼風、雅、頌，或賦、比、興之意者；例如《豳風·七月》中，第二章爲〈國風〉，第六章是爲〈雅〉，第八章爲〈頌〉。並引程氏曰：

> 六義，《詩》之義也。一篇之中，有備六義者，有數義者。……學《詩》而不分六義，豈能知《詩》之體也。

又言〈風雅頌〉，呂祖謙認爲王道興盛，則陳列國之詩以觀民風，樂師將《詩》譜上音律，以風天下；若王道衰落，則「禮義廢，政教失，國異政，家殊俗，而變風變雅作矣」（頁1449）。

言〈章句音韻〉，則引孔氏之說，將篇、章、句、韻逐一釋之：

自古而有篇章之名，故〈那〉序曰：「得〈商頌〉十二篇。」；〈東山〉
序曰：「一章言其完是也。」句則古者謂之言。……以一句爲一言，……
詩之大體必須依韻，其有乖者，古人之韻不協爾。（頁 1451）。

言〈卷帙〉，亦引孔氏之說，以敘「經」、「傳」卷帙之分合情形：

漢初爲傳訓者皆與經別行，……後漢以來，始就經爲注，未審此詩
引經傳是誰爲之，其毛詩二十九卷不知併何卷也！（頁 1452）

此項只引孔氏一說，其下並無呂祖謙之解。

言〈訓詁傳授〉，引《漢書·藝文志》、《隋書·經籍志》、孔氏、程氏、
歐陽氏之說，以述《詩》之流傳授受，以及後人說經之情況。末引歐陽氏曰：

後之學者徒抱焚餘殘脫之經，倀倀於去聖人千百年後，不見先儒之
說，而欲特立一家之學者，吾未之信也。先儒之論，苟非詳其終始
而牴牾，質諸聖人而悖，有不得已而後改易者，何以徒爲異論以相
訾也。（頁 1453）

最後言〈條例〉，述其採諸家注釋之長，以從一說爲主，說解不同而可並
存者，則附注其下，若諸家解「文句小未安者，用啖、趙《集傳》例，頗爲
刪削」，並以經文先後爲序次第，「諸家或未備，頗以己說足之」（頁 1453），
從卷二十六〈公劉〉第一章末，其弟呂祖儉之附記中可知，此書係呂祖謙纂
輯，而修訂未完成之著述，從〈公劉〉第二章以後是尚未修訂之原稿，故陳
振孫《直齋書錄解題》云：「然自〈公劉〉以後，編纂已備，而修例未竟，學
者惜之。」（卷二，頁 39）。

依此書〈條例〉，其經文頂格，諸家解較經文低一格，凡呂祖謙之解皆另
提行，視經文低二格。然據今所見，僅宋孝宗時板本與此〈條例〉合，其後
所刊刻皆自卷十九〈彤弓〉篇以後變更體例，將呂祖謙解冠以「東萊曰」三
字夾於句中，不另提行，亦未低二格。至於爲何要改，以及何以從卷十九始，
則尙無法理解。〔註12〕

〔註12〕由呂祖儉附記及呂祖謙之庚子、辛丑日記來看，其未修訂之原稿係自卷二十
六〈公劉〉次章起，體例理應自卷二十六之次章始變更，何以提前至卷十九？
則尚無法理解。

第五章 呂祖謙釋《詩》之法

第一節 引前人之說

朱熹於《呂氏家塾讀詩記・序》中稱讚呂祖謙訓詁方面工夫深厚:「一字之訓,一事之義,亦未嘗不謹其說之所自。」,從他釋《詩》中,更可見出態度的審慎;或舉前人之說以證其解,或引前人之說以釋《詩》,莫不「謹其說之所自」。

一、舉前人之說以證其解

(一)《小雅・祈父》篇,呂祖謙云:

> 讀是詩見宣王變古制者二焉;前兩章既刺其以宿衛之士從征役矣,末章復曰:「祈父,亶不聰,胡轉予于恤,有母之尸饔。」有親老而無它兄弟,其當免役征,在古必有成法,故責其不聰。其意謂此法人皆聞之,彼司馬獨不聞乎!乃驅吾從戎,使吾不免薪水之勞也。責司馬者,不敢斥宣王也。越勾踐伐吳,大徇於軍曰:「有父母者老,而無昆弟者以告。」勾踐親命之曰:「我有大事,子有父母者老,而子為我死,子之父母將轉於溝壑,子為禮已重矣,子歸沒而父母之世,後若有事,吾與子圖之。」勾踐尚能辦此,況周之盛時乎!其有定制必矣。(卷二十,頁 1663)

呂祖謙認為「宿衛之士」與「有親老而無它兄弟」者,古時必有成法規定免於征役,於是舉越王勾踐時之實例,以證其說。

（二）《小雅・節南山》篇，關於其篇名，呂祖謙云：

> 按《左傳》韓宣子來聘，季武子賦〈節〉之卒章，杜氏謂取「式訛爾心，以畜萬邦。」之義，然則此詩在古止名〈節〉也。

引《左傳》之杜預注，謂季武子所賦〈節〉之卒章，即〈節南山〉之「式訛爾心，以畜萬邦。」證明〈節南山〉在古代篇名為〈節〉。

（三）《陳風・墓門》序曰：「刺陳佗也，陳佗無良師傅，以至於不義，惡加於萬民焉。」呂祖謙解此篇云：

> 「墓門」幽深之地，興其惡也。墟墓之門，荊棘最難去，非用斧不足以除之。佗之惡大矣，非嚴師傅痛梏擊之，亦莫能去其惡也。「墓門有梅，有鴞萃止」，言佗之性質本非惡，為師傅所累也。《左傳》載佗勸陳侯許鄭平，親仁善鄰之言，中於事理，蓋非昏愚者。陳侯不許，卒見侵伐，既而徐思佗言，復與鄭和，遣佗往鄭涖盟，佗與鄭伯盟，歃如忘，洩伯料其必不免，考其歲月讒數年爾，而蠱惑變壞如是，此詩人之所傷也。（卷十三，頁 1584）

陳佗係桓公之弟，於桓公臥病時，殺其太子免，而自代之。呂祖謙認為陳佗之性質本非惡，是為師傅所累，並引《左傳》記載以證其說。

二、引前人之說以釋《詩》

（一）《大雅・假樂》第四章「之綱之紀，燕及朋友。百辟卿士，媚于天子。不解于位，民之攸墍。」呂祖謙解曰：

> 〈泰誓〉曰：「友邦冢君」，〈酒誥〉曰：「太史友、內史友」，則「朋友」者合「百辟卿士」言之也。君燕其臣，臣媚其君，此上下交而為泰之時也，泰之時所憂者怠荒而已。此詩所以終於「不解于位，民之攸墍」也。方嘉之，又規之者，蓋皋陶賡歌之意也。民之勞逸在下，而樞機在上。上逸則下勞矣；上勞則下逸矣。「不解于位」乃民之所由休息也。（卷二十六，頁 1807～1808）

「友邦冢君」係尊稱各邦諸侯之詞，而掌記言行之「太史、內史」其皆有屬員，故曰友。君以臣為友，因此引《尚書》之〈泰誓〉、〈酒誥〉釋此章「朋友」與「百辟卿士」應合言之。

（二）《周頌・清廟》：「於穆清廟，肅雝顯相。濟濟多士，秉文之德。」
呂祖謙引《儀禮・士虞禮》釋之：

〈士虞禮〉祝辭曰：「哀子某，哀顯相夙興夜處不寧。」然則自主人之外餘皆顯相也。成王，祭主也，周公及助祭之諸侯皆「顯相」也，「濟濟多士」廣言助祭之人，凡執事者皆在也。「秉文之德」，顯相多士，凡助祭者莫不秉文之德也。相維辟公，天子穆穆，言顯相之肅雝，則成王穆然奉祭之氣象不言可見矣。（卷二十八，頁 1854）

引〈士虞禮〉之祝辭釋「顯相」，並及於全篇。

（三）《小雅·賓之初筵》第五章「凡此飲酒，或醉或否。既立之監，或佐之史。」呂祖謙解曰：

淳于髡說齊威王曰：「賜酒大王之前，執法在傍，御史在後。」秦王、趙王會澠池，秦王請趙王鼓瑟，秦御史前書曰：「某年某月日，秦王與趙王會飲，趙王鼓瑟。」藺相如請秦王擊缻，顧召趙御史書之曰：「某年某月日，秦王為趙王擊缻。」此古人君燕飲之制猶存於戰國者也。或「立之監」即執法也。……「或佐之史」即御史也。（卷二十三，頁 1743）

舉前人之說以釋篇中之「立之監」、「或佐之史」。

（四）《齊風·著》第一、二、三章之首句曰：「俟我於著乎而」、「俟我於庭乎而」、「俟我於堂乎而」。呂祖謙引《儀禮·昏禮》釋之曰：

〈昏禮〉：「婿往婦家親迎，既奠鴈御輪，婿乃先往俟于門外，婦至，婿揖婦以入，及寢門，揖入升自西階。」齊人既不親迎，故但行婦至婿家之禮，「俟我於著乎而」，此昏禮所謂婿俟于門外，婦至婿揖婦以入之時也。「俟我於庭乎而」，庭在大門之內，寢門之外，此昏禮所謂及寢門揖入之時也。「俟我於堂乎而」，升階而後至堂，此昏禮所謂升自西階之時也。婿道婦入，故於著、於庭、於堂，每節皆俟之也。（卷九，頁 1546）

門屏之間謂宁，「著」與「宁」音義同，可通用。由於齊人不親迎，故其夫僅俟於著、俟於庭、俟於堂而已，呂祖謙引《儀禮·昏禮》釋之，以證其說有自。

（五）《小雅·賓之初筵》第四章「賓既醉止，……既醉而出，並受其福。」呂祖謙釋之曰：

〈燕禮〉：「賓醉北面坐，取其薦脯以降，奏陔賓所，執脯以賜鍾人於門內霤，遂出，卿大夫皆出。」所謂「既醉而出」也。（卷二十三，頁 1741）

引《儀禮‧燕禮》中燕畢賓出之儀，以釋「既醉而出」之情形。

第二節　申述《詩序》之義

一、論《詩序》之作

　　《詩序》之作者，向來眾說紛紜：鄭玄《詩譜‧序》認爲〈大序〉子夏所作，〈小序〉則子夏、毛公合作；范曄《後漢書‧儒林傳》以爲是衛宏從謝曼卿受學，而作〈毛詩序〉；《隋書‧經籍志》認爲係子夏所創，毛公及衛宏又加以潤益。宋代學者對《詩序》作者的看法，又不同於前人；王安石認爲是詩人自作；〔註1〕歐陽修以爲不是子夏所作；〔註2〕程頤則以爲〈小序〉是國史所作，〈大序〉是孔子作；〔註3〕張載認爲有後人添入；〔註4〕蘇轍認爲若出自孔子之手，則不可能如此詳盡，應是毛氏之學，而衛宏所集錄者；〔註5〕鄭樵則以爲是村野妄人之作，而極力排擊之。朱熹受鄭樵影響，而變更舊說，重訂《詩集傳》，據《詩傳遺說》云：

　　　　向來見鄭漁仲有《詩辨妄》，力詆《詩序》，其間言語雖太甚，以爲
　　　　皆村野妄人所作，始者亦疑之；後來子細看一兩篇，因質之《史記》、
　　　　《國語》，然知《詩序》之果不足信。（卷二，頁23）

〔註1〕　《邵齋讀書志》卷二，〈詩類〉頁1云：「王介甫獨謂詩人所自製。……按《韓詩‧茉苢序》曰：『傷夫也。』〈漢廣〉曰：『悅人也。』〈序〉若詩人所自製，《毛詩》猶《韓詩》也，不應不同若是，況文意繁雜，其出二人手甚明，不知介甫何言之。」

〔註2〕　《詩本義‧序問》：「詩之《序》不著其名氏，安得而知之乎？雖然，非子夏之作，則可知也。……子夏親受學於孔子，宜其得《詩》之大旨，其言風雅有正變，而論〈關睢〉、〈鵲巢〉繫之周公、召公，使子夏而序《詩》，不爲此言也。」（卷十四，頁11）

〔註3〕　《二程集》載：「〈詩大序〉孔子所爲，其文似繫辭，其義非子夏所能言也。〈小序〉，國史所爲，非後世所能知也。」（頁312）

〔註4〕　《張子全書》云：「《詩序》必是周時所作，然亦有後人添入者。」（卷四，頁92）

〔註5〕　蘇轍《詩集傳》卷一云：「子夏嘗言《詩》於仲尼，仲尼稱之，故後世之爲《詩》者附之。要之，豈必子夏爲之，其亦出於孔子或弟子之知《詩》者歟？然其誠出於孔氏也，則不若是詳矣……今其亡者六焉，亡詩之敘未嘗詳也，詩之亡者，經師不得見矣，雖欲詳之而無由，其存者將以解之，故從而附益之，以自信其說，是以其言時有反覆煩重，類非一人之詞者，凡此皆毛氏之學，而衛宏之集錄也。」（頁6，收入《四庫全書》第七十冊，頁315）

朱熹讀《詩辨妄》後，再質之《史記》、《國語》，而認爲《詩序》不可信。而呂祖謙尊崇《詩序》，他認爲：

> 魯、齊、韓、毛，師讀既異，義亦不同，以魯、齊、韓之義尚可見者較之，獨《毛詩》率與經傳合。〈關雎〉正風之首，三家者乃以爲刺，餘可知矣！是則《毛詩》之義，最爲得其眞也。間有反覆煩重，時失經旨，如〈葛覃〉、〈卷耳〉之類，蘇氏以爲非一人之辭，蓋近之；至於止存其首一句而盡去其餘，則失之易矣。（卷二，頁 1456）

呂祖謙以《毛詩》與三家詩可見之義相較，發現《毛詩》獨與經傳相合，毛氏解經平實，最得其眞。〈關雎〉爲正風之首，而三家以爲刺，惟〈毛序〉以爲后妃之德，因而認爲《毛詩》最可信。至於《詩序》「間有反覆煩重，時失經旨」者，呂祖謙云：

> 三百篇之義，首句當時所作，或國史得詩之時載其事以示後人，其下者說《詩》者之辭也。說《詩》者非一人，其時先後亦不同，以毛《傳》考之，有毛氏已見其說者，時在先也；有毛氏不見其說者，時在後也。〈關雎〉之義，其末曰「不淫其色」，毛《傳》亦曰：「后妃說樂君子之德，無不和諧，又不淫其色。」然則〈關雎〉之義，皆毛公所已見也；〈鵲巢〉之義，其末曰：「德如鳲鳩，乃可以配焉。」毛《傳》止曰：「鳲鳩不自爲巢，居鵲之成巢。」未嘗言「鳲鳩之德」，然〈鵲巢〉之義，有毛公所不見者也，意者後之爲毛學者，如衛宏之徒附益之耳。毛《傳》尚簡，義之已明者，固不重出，義之未明者，亦必申言。如〈鳲鳩〉之義，雖刺不壹，而其旨未明，故傳必言「鳲鳩之養其子，平均如一」，以訓釋之。今〈鵲巢〉之義，止云「德如鳲鳩」，而未知鳩之德若何？使毛公果見此語，《傳》豈應略不及之乎？詩人本取「鳩居鵲巢」以比夫人坐享成業，蓋非有婦德者，殆無以堪之也；若又考鳲鳩之情性以比其德，詩中固亦包此意，但是說出於毛公之後，決無可疑也。（卷三，頁 1466）

此段敘述中道出呂氏對《詩序》的看法有四：第一，首句是當時所作，或國史得詩之時載其事以示後人；這是融合王安石與程頤之說法。第二，首句以下爲說詩者之詞；呂祖謙解《詩》時，常稱此類爲後之講師所附益者。其探信《詩序》首句，應是受蘇轍《詩集傳》之影響。〔註6〕第三，說詩者非一人

〔註6〕蘇轍認爲〈小序〉反覆煩重，非一時一人所作，疑爲「毛公之學，衛宏之所

「有毛氏已見其說者，時在先」；如〈關雎〉之義，《詩序》云：「不淫其色」，毛《傳》亦引之，此爲毛公之前已有，是爲毛氏已見其說者。第四，「有毛氏不見其說者，時在後」；如〈鵲巢〉之義，《詩序》中之「德如鳲鳩，乃可以配焉」，已出毛《傳》之外，此毛公所未見者也，乃後之學者如衛宏等所附益。

呂祖謙又於《小雅·南陔之什》篇舉出〈六月序〉所云《小雅》諸篇次序，與《儀禮》中〈鄉飲酒禮〉、〈燕禮〉奏樂之序完全符合，亦即其所謂「率與經傳合」，其曰：

> 〈六月〉序《小雅》諸篇，〈魚麗〉之後，初一曰〈南陔〉，次二曰〈白華〉，次三曰〈華黍〉，次四曰〈由庚〉，次五曰〈南有嘉魚〉，次六曰〈崇丘〉，次七曰〈南山有臺〉，次八曰〈由儀〉，與〈鄉飲酒禮〉、〈燕禮〉奏樂之序皆合。〔註7〕（卷十八，頁1638）

從以上觀之，呂祖謙之尊崇《詩序》、以及論其作者，是有所根據的。

二、以《詩序》解《詩》

朱熹批評呂祖謙云：「伯恭專信《序》，又不免牽合。伯恭凡百長厚，不肯非毀前輩，要出脫回護。不知道只爲得簡解經人，卻不曾爲得聖人本意。」（《朱子語類》卷八十，頁2074），朱熹認爲《詩序》出於漢儒之手，全不可信；《詩》本來易懂，有了《序》反而將《詩》本意弄亂了，對呂祖謙的尊《序》大不以爲然。呂祖謙釋《詩》，大多依《詩序》之義，例如：

（一）《小雅·黍苗》

> 芃芃黍苗，陰雨膏之。悠悠南行，召伯勞之。
> 我任我輦，我車我牛。我行既集，蓋云歸哉。
> 我徒我御，我師我旅。我行既集，蓋云歸處。
> 肅肅謝功，召伯營之；烈烈征師，召伯成之。
> 原隰既平，泉流既清。召伯有成，王心則寧。

這是一首贊美召穆公經營謝邑成功的詩。詩中明言美召公，如「召伯勞之」、

集錄」（《四庫全書總目》卷十五，頁13），故將首句以下的申述語全部刪去。但，在蘇轍之前的成伯璵也有類似的說法，他認爲「《詩序》首句爲子夏所傳，其下爲毛萇所續」（同上書，頁11）。

〔註7〕〈鄉飲酒禮〉：「笙入，樂〈南陔〉、〈白華〉、〈華黍〉，乃間歌〈魚麗〉，笙〈由庚〉，歌〈南有嘉魚〉，笙〈崇丘〉，歌〈南山有臺〉，笙〈由儀〉」。〈燕禮〉亦然，間歌之次，正與〈六月〉之〈序〉同。

「召伯營之」、「召伯成之」、「召伯有成」等，而《詩序》卻云刺幽王。《序》
云：「刺幽王也。不能膏潤天下，卿士不能行召伯之職焉。」呂祖謙尊《序》，
故其依《序》之義申釋曰：

> 天子，子萬姓者也。大臣，慮四方者也。方伯，分一面者也。申伯之
> 體勢不重，則無以鎮定南服，召穆公身爲卿士，豈得辭其憂責哉。宣
> 王雖深居九重，宵旰之慮，固未嘗一日忘之也，必待召公告成功，而
> 王心始寧焉，此眞知識分者也。彼憂幽王近不能察犬戎之禍，以復宗
> 周，何暇經略江淮之間乎，此詩人所以思古也。(卷二十四，頁 1755)

(二)《鄭・遵大路》

> 遵大路兮，摻執子之袪兮。無我惡兮，不寁故也？
> 遵大路兮，摻執子之手兮。無我魗兮，不寁好也？

就《詩》上下文意而言，此《詩》係男女兩相愛悅，而後失和，一方拂袖而
去，另一則悔而留的詩。然而《序》云：「思君子也，莊公失道，君子去之，
國人思望焉。」呂祖謙亦依《詩序》申釋曰：

> 武公之朝，蓋多君子矣，至於莊公尚權謀、專武力，氣象一變，左
> 右前後無非祭仲、高渠彌、祝聃之徒也，君子安得不去之乎，不寁
> 故也、不寁好也。詩人豈徒勉君子遲遲其行也，感於事變而懷其舊
> 者亦深矣。(卷八，頁 1534)

(三)《周南・卷耳》

> 采采卷耳，不盈頃筐。嗟我懷人，寘彼周行。
> 陟彼崔嵬，我馬虺隤。我姑酌彼金罍，維以不永懷。
> 陟彼高岡，我馬玄黃。我姑酌彼兕觥，維以不永傷。
> 陟彼砠矣，我馬瘏矣。我僕痡矣，云何吁矣！

《詩序》曰：「后妃之志也，又當輔佐君子，求賢審官，知臣下之勤勞，內有
進賢之志，而無險詖私謁之心。朝夕思念，至於憂勤也。」歐陽修認爲：「婦
人無外事，求賢審官非后妃之職。」劉氏亦曰：「后妃本不與外事，假令思念
進賢爲社稷計，亦何至朝夕憂勤乎？(《詩詩記》卷二，頁 12)。此詩本爲婦
人思念她丈夫在外行役之苦，想像他馬疲、僕病，也正登山望鄉之詩。呂祖
謙以《序》申釋曰：

> 夫婦一體，位雖不同，而志不可不同，求師取友，婦人固無與乎此，
> 而好善之志則不可不同也。崇德報功，后妃固無與乎此，而體群臣

之志，則不可不同也。知子之來之，雜佩以贈之；知子之好之，雜佩以報之，婦人之志如是，其夫斯能好善矣。「我姑酌彼金罍，維以不永懷。」、「我姑酌彼兕觥，維以不永傷。」后妃之志如是，王者斯能體群臣矣。室有犦釜之聲，則門無嘉客，況后妃心志之所形見者乎！（卷二，頁1459）

（四）《鄭風・山有扶蘇》

　　山有扶蘇，隰有荷華。不見子都，乃見狂且。

　　山有橋松，隰有遊龍。不見子充，乃見狡童。

《序》曰：「刺忽也，所美非美然。」呂祖謙申釋曰：

　　山宜有扶蘇者也，隰宜有荷華者也，朝宜有賢俊者也。今觀昭公之朝者不見子都，乃見狂且焉，則昭公所美非美可知矣。（卷八，頁1536）

《序》有「所美非美」句，呂祖謙亦云：「所美非美可知矣。」《鄭風》之中，如〈有女同車〉、〈山有扶蘇〉、〈蘀兮〉、〈狡童〉等，皆以為刺忽之作。鄭忽不娶齊女，實無惡意，後人見其失國，便將許多詩列為刺忽之作。考之史載，鄭忽並無淫昏暴虐之行為，詩人竟將之視為狡童，可見《序》亦有甚多謬誤。

三、論辨《詩序》之非

（一）辨《詩序》之誤

　　由於《詩序》有甚多謬誤，呂祖謙雖尊《序》，有時也辨正其誤。例如：

1、《王風・君子于役》

　　君子于役，不知其期，曷至哉！雞棲于塒，日之夕矣，羊牛下來。

　　君子于役，如之何勿思。

　　君子于役，不日不月，曷其有佸。雞棲于桀，日之夕矣，羊牛下括。

　　君子于役，苟無飢渴。

《序》曰：「刺平王也，君子行役無期度，大夫思其危難，以風焉。」呂祖謙駁之曰：

　　攷經文不見思其危難以風之意。（卷七，頁1521）

此詩全篇反覆言君子行役之久，不知何時歸來，牲畜出入尚有固定時間，行役者反而無，並未言及思其危難以諷之之意，故呂祖謙加以辨正。

2、《衛風‧氓》之《序》曰：

> 刺時也，宣公之時，禮義消亡，淫風大行，男女無別，遂相奔誘。華落色衰，復相棄背，或乃因而自悔，喪其妃耦，故序其事以風焉，美反正，刺淫佚也。（卷六，頁 1512）

呂祖謙駁之曰：

> 「美反正，刺淫佚」，此兩語煩贅，見棄而悔，乃人情之常，何美之有。（同上）

該詩係棄婦追悔自傷之敘事詩，詩中敘述她不幸的婚姻；從如何戀愛到結婚，又如何貧困度日，以及被虐待，直到她毅然決然地離開他，將整個經過細細地描繪出來。她懊悔認錯了伴侶，只換得無窮的悲歎。此等遭遇用「美反正，刺淫佚」來概括，不甚恰當。因此呂氏云：「何美之有！」

3、《大雅‧文王有聲》

> 文王有聲，遹駿有聲。遹求厥寧，遹觀厥成。文王烝哉！
> 文王受命，有此武功；既伐于崇，作邑于豐。文王烝哉！
> 築城伊淢，作豐伊匹。匪棘其欲，遹追來孝。王后烝哉！
> 王公伊濯，維豐之垣。四方攸同，王后維翰。王后烝哉！
> 豐水東注，維禹之績。四方攸同，皇王維辟。皇王烝哉！
> 鎬京辟廱，自西自東，自南自北，無思不服。皇王烝哉！
> 考卜維王，宅是鎬京。維龜正之，武王成之。武王烝哉！
> 豐水有芑，武王豈不仕？詒厥孫謀，以燕翼子。武王烝哉！

《詩序》曰：「繼伐也，武王能廣文王之聲，卒其伐功也。」（卷二十五，頁 1792），呂祖謙則評之曰：

> 《序》言武王繼伐，而此詩未嘗一言及武王之伐功。（同上，頁 1795）

此詩歌頌文王遷豐，武王遷鎬，而有利於周朝王業的發展，而未及於武王之伐功。牛運震曰：「稱文王以武功，以見文王之文，非不足於武也；稱武王以文德，以見武王之武非不足於文也。」（《詩志》卷六，頁 17）

4、《鄘風‧柏舟》，《序》云：「共姜自誓也，衛世子共伯蚤死，其妻守義，父母欲奪而嫁之，誓而弗許，故作是詩以絕之。」（卷五，頁 1498）對《序》中之「衛世子共伯蚤死」一句，呂祖謙不以為然，其曰：

> 《史記》載共伯釐侯世子，釐侯已葬，武公襲攻共伯，共伯入，釐侯羨自殺。按武公在位五十五年，《國語》又稱武公年九十有五，

猶箴儆于國，計其初即位，其齒蓋巳四十餘矣。使果弒共伯而篡
立，則共伯見弒之時，其齒又加長於武公，安得謂之蚤死乎！髦
者，子事父母之飾，諸侯既小歛則脫之，《史記》謂釐侯巳葬而共
伯自殺，則是時共伯既脫髦矣，詩安得猶謂之「髧彼兩髦」乎，
是共伯未嘗有見弒之事，武公未嘗有篡弒之惡也。（卷五，頁 1499）

呂祖謙引《史記》、《國語》之說，以證明若武公果弒共伯而自立，武公即位
時，年巳四十餘，共伯又較武公年長，則衛世子共伯見弒時，已不算「早死」。
又，詩中有「髧彼兩髦，〔註8〕實維我儀」句，據《史記》記載，共伯自殺時
釐侯已葬，共伯應已脫「兩髦」，故呂祖謙認爲「共伯未嘗有見弒之事，武公
未嘗有篡弒之惡」。

（二）論《詩序》有後人附益

呂祖謙認爲《詩序》首句當時所作，或國史得詩之時載其事以示後人，
首句以下則說詩者之辭，或後世講師所附益。例如：

1、《周南·葛覃》之《序》曰：「〈葛覃〉，后妃之本也，后妃在父母家，
則志在於女功之事，躬儉節用，服澣濯之衣，尊敬師傅，則可以歸安
父母，化天下以婦道也。」而呂祖謙辨之曰：

〈關雎〉，后妃之德也，而所以成德者，必有本也。曷謂本，〈葛覃〉
所陳是也。後之講師徒見《序》稱「后妃之本」，而不知所謂，乃爲
在父母家，志在女功之說以附益之，殊不知是詩皆述既爲后妃之事，
貴而勤儉，乃爲可稱，若在室而服女功，固其常耳，不必詠歌也。（卷
二，頁 1458）

從詩中的「是刈是濩，爲絺爲綌〔註9〕」而知其能勤；「薄汙我私，薄澣我衣」
〔註10〕可見其能儉，呂氏認爲此詩所述皆爲后妃之事，既貴爲后妃，又能勤
儉，故值得稱道。若《序》中所云，在父母家而服女功之事，則固爲常態，
不必加以詠歌。

2、《大雅·靈臺》之《序》曰：「〈靈臺〉，民始附也，文王受命而民樂其

〔註8〕 髦，髮垂至眉，即今所謂「前劉海兒」。兩髦：前劉海兒中間分開，垂於兩眉
之上。古禮男童兩髦，父母去世才改裝。（參見《詩經評註讀本》（上）頁 172）

〔註9〕 刈：割。濩：煮。絺：葛布細者曰絺。綌：粗葛布。將葛割下來煮，再纖成
細葛布或粗葛布。（參見《詩經評註讀本》（上），頁 10）

〔註10〕 汙：即污字。洗衣而揉搓之以去其污。私：謂平常穿之便服。澣：洗濯。衣：
指禮服。（參見《詩經欣賞與研究》第一冊，頁 10～11。）

有靈德，以及鳥獸昆蟲焉。」對此，呂祖謙辨之曰：

> 所以謂之靈臺者，不過如孟子之說而已。〔註11〕自文王受命而民樂
> 其有靈德。以下皆講師之贅說也。（卷二十五，頁 1788）

〈靈臺〉前兩章描寫文王興建靈臺的情形。文王勤勞政事，愛民如子，為民
除疾苦、謀幸福，人民愛戴他亦如父親一般，樂於為他興建觀天文氣象以察
災祥的靈臺，並在臺旁挖池沼、造園囿，以供文王休閒觀遊。於是民眾樂文
王有臺池園囿之樂，文王則樂民眾之樂，而與民同樂。《孟子‧梁惠王》篇引
這兩章以明「賢者而後樂此」。呂祖謙認為自「文王受命而民樂其有靈德」以
下，是後世講師所附益之贅語。

3、《齊風‧東方未明》之《序》曰：「〈東方未明〉，刺無節也，朝廷興居
　　無節，號令不時，挈壺氏不能掌其職焉。」對其中「號令不時」一句，
　　呂祖謙辨之曰：

> 號令不時，此一語贅。蓋見詩中有「自公令之」之文，而妄附益之
> 爾。（卷九，頁 1546）

此詩第二章云：「東方未晞，顛倒裳衣，倒之顛之，自公令之。」朱熹曰：「令，
號令也，猶召之也。」後人見「自公令之」句，而附益為「號令不時」。

4、《大雅‧既醉》之《序》曰：「〈既醉〉，大平也，醉酒飽德，人有士君
　　子之行。」呂祖謙不以為然，其辨之曰：

> 醉酒飽德以下皆講師附益之辭。（卷二十六，頁 1804）

此篇首章有「既醉以酒，既飽以德」句，後人取句中「醉酒飽德」四字而附
益之，以為人有士君子之行。丘氏曰：「成王之時，天下大平，無所施為，但
燕群臣而已。」（卷二十六，頁 1804）

5、《大雅‧旱麓》之《序》曰：「受祖也。周之先祖，世修后稷公劉之業，
　　大王王季，申以百福干祿焉。」呂祖謙認為此《序》之首句以下，係
　　後人附益，其曰：

> 周之先祖以下皆講師所附麗，此篇師傳以為文王之詩，故有大王、
> 王季申以百福干祿之說，於理雖無害，然干祿百福之語則不辭矣。（卷
> 二十五，頁 1778）

〔註11〕孟子曰：文王以民力為臺為沼，而民歡樂之，謂其臺曰「靈臺」，謂其沼曰「靈
　　　沼」，樂其有麋鹿魚鱉，古之人與民皆樂，故能樂也。（《孟子‧梁惠王篇》頁
　　　6）

〈旱麓〉是頌美周王的詩。《序》之「受祖也」係言文王受其祖之業。詩中「有豈弟君子，干祿豈弟」、「福祿攸降」句，謂君子以愷悌之德求福，則福祿自然降下，不待乎求之。故後人因此附益。

6、《鄭風・緇衣》之《序》曰：「〈緇衣〉，美武公也，父子並為周司徒，善於其職，國人宜之，故美其德以明有國善善之功焉。」《序》中「明有國善善之功」句，呂祖謙以為係後之講師所附益。其云：

> 此詩武公入仕于周，而周人美之也。若鄭人所作，何為三章皆言「適子之館」乎！好賢如緇衣，所謂賢，即謂武公父子也。後之講師習其讀而不知其義，誤以為稱武公之好賢，遂曰「明有國善善之功」，失其旨矣。（卷八，頁1528）

呂祖謙認為此詩非鄭人所作，其三章皆有「適子之館」句，係周人美武公而作。詩中之賢者，指桓公、武公父子。後人以為稱武公之好賢，而附益之曰「明有國善善之功」。

7、《鄭風・野有蔓草》，《序》曰：「〈野有蔓草〉，思遇時也，君之澤不下流，民窮於兵革，男女失時，思不期而會焉。」呂祖謙認「君之澤不下流」句，係後人所附益，其曰：

> 君之澤不下流，蓋講師見『零露』之語，從而附益之。（卷八，頁1541）

「野有蔓草，零露漙兮……野有蔓草，零露瀼瀼。」毛《傳》曰：「野，四郊之外。蔓，延也。漙漙然，盛多也。」鄭《箋》云：「零，落也。蔓草而有露，謂仲春之時，草始生，霜為露也。」《詩》中「零露漙兮」、「零露瀼瀼」句，均形容露盛之貌，後人是否由於蔓草得露，其澤渥；君澤下流，則民富，而附益之？不得而知。呂祖謙僅說「君之澤不下流」句，係後世講師見《詩》中有「零露」字，故附益之，並未云其何以證之是後人附益。

第三節　申述詩篇之義

呂祖謙於〈詩說拾遺〉云：「詩三百篇，大要近人情而已。」又曰：「詩者，人之性情而已，必先得詩人之心，然後玩之易入。」言詩三百篇本於性情，故其觀詩亦與人不同；其云：「凡觀詩須先識聖賢所說大條例，如孟子言：『不以文害辭，不以辭害志。』又〈大序〉言：『言之不足，故嗟歎之』又橫

渠言：『置心平易，始知詩』之類皆是。」從其釋《詩》之方式中可見一斑。

一、申釋一章或數章之義

（一）《魏風・伐檀》是一首諷刺魏國在位者重歛貪鄙、尸位素餐的詩，呂祖謙解此詩第一章云：

> 坎坎伐檀兮，寘之河之干兮，河水清且漣猗。悠然於河之干，遺佚而不怨，阨窮而不憫者也。國人見君子在下者如此，小人在位者如彼，乃責之曰：「汝未嘗稼穡，禾何為而積？汝未嘗狩獵，貆何為而來？汝獨不見夫彼河干之君子，義不素餐，親伐檀以自食者乎！」此特旁觀者之辭。若所謂伐檀之君子，方且陶陶不改其樂，豈較短量長者哉。（卷十，頁1557）

呂氏認為國人義正辭嚴地責在位者貪鄙，無功而得祿，然而君子卻悠然於河邊，不怨不憫、不改其樂，知其非較短量長者也，二者之對比，讓讀者自去體會。

（二）《小雅・魚麗》，此詩係周代燕饗通用的樂歌，呂祖謙釋其第六章：「物其有矣，維其時矣。」曰：

> 有，即所謂偕也。物雖盛多而偕有，必適當其時，然後盡善。所謂時者，不專為用之之時也。苟非國家閒暇，內外無故，則物雖盛，不能全其樂矣。（卷十七，頁1636～1637）

《小雅・六月》序云：「〈魚麗〉廢，則法度缺矣。」物不足，則不能備法度。太平之時，庶物繁盛，故此篇美萬物盛多，而能備禮。呂氏因曰：「苟非國家閒暇，內外無故，則物雖盛，不能全其樂矣。」

（三）《大雅・卷阿》第五章：「有馮有翼，有孝有德，以引以翼。豈弟君子，四方為則。」《序》云此詩係「召康公戒成王，言求賢用吉士也。」而呂祖謙善析章句，其云：

> 是詩雖戒求賢，然詠歌以道之，故其辭從容不迫。至此章始明言賢者之益焉：有馮有翼，自成王言之也，成王之左右前後，當有所馮依，有所輔翼，必多得有孝者有德者，然後可也。以引以翼，自賢者言之也，有孝有德之人在王左右，以引以翼，然後王德周愨，可以為四方之法也，賢者之行非一端，必曰有孝有德何也？蓋人主常與慈祥篤實之人處，其所以興起善端，涵養德性，鎮其躁而消其邪，日改月化，有不在言語之間者矣，故宣王之在內者，唯云張仲孝友，而蕭望之亦

謂張敞材輕，非師傅之器，皆此意也。（卷二十六，頁1814）

呂氏云「有馮有翼」自成王言之；「以引以翼」自賢者言之。有孝有德之人在成王之左右前後，使王有所憑依、輔翼，然後王德罔愆，可爲四方之法。又解釋何以必曰「有孝有德」，並舉宣王、蕭望之之語以證，可見其釋詩之周詳。

（四）《小雅·彤弓》首章：「彤弓弨兮，受言藏之。我有嘉賓，中心貺之。鐘鼓既設，一朝饗之。」此詩爲天子歡宴有功諸侯，而賜之弓矢的詩，呂祖謙釋曰：

> 「彤弓弨兮，受言藏之」，言其重也，受受人所獻藏之王府，以待有功，不敢輕予人。如〈說命〉惟衣裳在笥之意也。「我有嘉賓，中心貺之」，言其誠也。中心實欲貺之，非由外也。「鐘鼓既設，一朝饗之。」言其速也。以王府寶藏之弓，一朝舉以畀之，未嘗有遲留顧惜之意也。後世視府藏爲己私分，至有以府庫兵賜弄臣者，則與「受言藏之」者異矣。賞賜非出於利誘，則迫於事勢，至有朝賜鐵券，而暮屠戮者，則與「中心貺之」者異矣。屯膏吝賞，功臣解體，至有印刓而不忍予者，則與「一朝饗之」者異矣。（卷十九，頁1644）

彤弓，非平常之賞賜；鐘鼓，係大樂；天子設盛禮大饗諸侯，表示重彤弓之賞賜。呂祖謙將全章依次解釋，且引後世有對賞賜之不重、不誠，以及吝於賞者，以爲對照。

（五）《大雅·既醉》係父兄用以答〈行葦〉篇之詩，呂祖謙釋之曰：

> 周之追王，止於大王，則宗廟之祭，尸之尊者乃公尸也。自「既醉以酒」至「高朗令終」，皆祭畢而燕，頌禱之辭也，自「令終有俶」至於卒章，皆追道祭之受福，以明頌禱之實也。（卷二十六，頁1804）

此詩八章，呂祖謙就其內容將之分成兩部分；以第一、二章及第三章之前半，皆屬祭畢而燕之頌禱「辭」；第三章後半起，至第八章止，則屬追道祭之受福，用以明頌禱之「實」。

（六）《小雅·小明》此詩係行役者至歲末仍不得歸家，乃述其生活困苦，及思家之情緒，並反躬自咎。呂祖謙析之曰：

> 上三章皆悔仕亂世，厭於勞役，欲安處休息而不可得，故每章有懷歸之歎。至是知不可去矣，則與其同列自相勞苦曰：「嗟爾君子，無恒欲安處也，苟靜恭於位，惟正直之道是與，則神將佑之矣，何必去哉！」卒章又申言之也。（卷二十二，頁1716）

前三章皆有「念彼共人」、「豈不懷歸」句，思家人，又歸不得；知其勢未可以去也，則惟靜恭以聽天命而已，且告僚友勤職事，親正直之人，何必云去！可見詩人之忠厚。

二、論各章之層遞關係

（一）《召南・野有死麕》《序》曰：「惡無禮也。天下大亂，強暴相陵，遂成淫風，被文王之化，雖當亂世，猶惡無禮也。」呂祖謙尊《序》，故解之曰：

> 此詩三章，皆言貞女惡無禮而拒之，其辭初猶緩而後益切，曰：「有女懷春，吉士誘之。」言非不懷婚姻，必待吉士以禮道之，雖拒無禮，其辭猶巽也。曰：「有女如玉」則正言其貞潔不可犯矣，其辭漸切也。至於其末見侵益迫，拒之益切矣。（卷三，頁1475）

呂祖謙分三個層次解之；第一層「其辭初猶緩」，雖拒無禮，然「其辭猶巽」；第二層言其貞潔不可侵犯，故「其辭漸切」；第三層是見其侵犯益迫，則「拒之益切」。全詩三章，呂氏以層遞方式分三階段釋之。

（二）《周南・兔罝》是讚美武夫的詩，呂祖謙曰：

> 曰「干城」，曰「好仇」，曰「腹心」，其辭浸重，亦嘆美無已之意爾。
> （卷二，頁1463）

「赳赳武夫」非僅能捍衛城池，亦能匹耦公侯之志，可與公侯同心同德，與之謀慮，以為腹心。從「干城」至「好仇」，至「腹心」，一層比一層深。〔註12〕

（三）《鄘風・君子偕老》是衛人讚宣公夫人服飾之盛，容貌之美，奈何與其德不相稱，隱隱透出諷刺之意，其辭婉而其意深。呂祖謙曰：

> 一章之末云：「子之不淑，云如之何！」責之也。二章之末云：「胡然而天也！胡然而帝也！」問之也。汝盍自省容服尊嚴，胡然如天乎，胡然如帝乎！三章之末云：「展如之人兮，邦之媛也。」惜之也。辭益婉而意益深矣。（卷五，頁1501）

首章責其服飾之盛，而德不足以相配；次章問其服飾容貌之美盛，如天如帝

〔註12〕歐陽修曰：「捕兔之人，布其網罝於道路林木之下，肅肅然嚴整，使兔不能越逸，以興〈周南〉之君，列其武夫為國守禦，赳赳然勇力，使奸民不得竊發。而此武夫者，外可以扞城其民，內可以為公侯好匹，其忠信又可倚以為腹心。以見〈周南〉之君，好德樂善，得賢眾多，所任守禦之夫猶如此也」。（卷二，頁1463）

然，是豈可以徒居哉？末章雖仍讚不絕口，而實深深憐惜之也。

　　（四）《小雅・出車》全篇六章，呂祖謙釋其前三章曰：

　　　　一章言車徒始集於郊牧，殷勤告語之以天子之命，[註13] 使之裝載，
　　　　勉其體悉王事，以赴其急。二章言方欲治兵之時，眾車並列於郊，
　　　　此車設旐，彼車建旂，各事整飭，戎容既備，肅然無譁，爲將者指
　　　　其旛旐而言曰：「彼旟旐斯，胡不旆旆而飛揚也。」雖治兵之時，建
　　　　而不旆，然以將士憂懼之心觀之，亦若旌旗隨人意而不舒也。古者
　　　　出師以喪禮處之，命下之日，士皆涕泣，夫子之言行三軍，亦曰臨
　　　　事而懼，皆此意也。三章言既已治兵，大將傳天子之命以令軍眾，
　　　　於是彭彭然張其車乘，央央然旆其旟旐，威靈氣焰赫然動人，兵事
　　　　以哀敬爲本，而所尚則威，二章之戒懼，三章之奮揚，並行而不相
　　　　悖也。[註14]（卷十七，頁 1632～1633）

首章從大將受命出征敘起，有奔走犯難之忠；次章係方欲治兵之時，車馬眾
盛，旌旗鮮明，然有戒懼之心；第三章「威靈氣焰，赫然動人」有奮揚之貌，
層層遞進，聲勢雄厲。

三、綜述全篇之大意

　　呂祖謙曰：「今之言詩者，字爲之訓，句爲之釋，少有全得一篇之意者。」
（〈詩說拾遺〉收入《叢書集成新編》第七十四冊，頁 473）故其釋詩常綜述
一篇之意，例如：

　　（一）《小雅・角弓》是一篇勸王遠讒佞而親九族的詩，呂祖謙釋之曰：

　　　　一章戒王無信讒佞而遠九族。二章言王苟遠之，非徒王族之乖離也，
　　　　民皆將化之矣。三章四章五章遂言民皆化之，兄弟宗族始則相病，
　　　　已而相怨、相爭奪而不止，已而暴蔑其尊老而不顧，俗之薄極矣，
　　　　皆王化之也。六章復嘆世衰族薄，王又從而導之，猶教猱升木，以

〔註13〕南仲受文王之命，文王受天子之命。故南仲語其眾曰：「我所以來此統眾者，
　　　　其命蓋自天子而下也。」（卷十七，頁 1632）

〔註14〕「軍禮雖無所攷，以《左傳・聘禮》攷之，則治兵之時，建而不旆，受命則
　　　　張而旆之，在道之時則歛而不旆，將戰之時則張而旆之。《左傳》平丘之會，
　　　　晉治兵于邾南，革車四千乘，建而不旆，壬申復旆之，諸侯畏之。杜預曰：『軍
　　　　將戰則旆，故曳旆以恐之。』此治兵不旆，將戰張旆之驗也。」（卷十七，頁
　　　　1633 引）

塗附塗，宜其易也，因慨然而思上之化下，速於影響。導之以惡，
既易如此，況於有善道以化之，小民其有不與屬者乎。七章言風俗
薄惡，宗族乖離，其勢雖如雨雪瀌瀌之可畏，王苟篤於親，則洗然
如雪之見日，群慝眾怨無復存矣。奈何其不肯降心而式居妻驕也，
惟其驕所以不降；惟其不降所以九族不親；惟其九族不親所以天下
化之，驕者其病本也。八章申言雨雪浮浮，見晛曰流，其易消如此，
奈何王方且視宗族如髦蠻而不之顧，則浮浮之雪，豈有消流之望乎，
詩人之所憂也。（卷二十三，頁 1749）

此詩全篇八章，呂祖謙逐章釋其大意，前四章云疏遠九族難保不相怨尤，且
下民亦將效上之所爲。後四章言王好讒佞，故不親九族，以致骨肉相怨，其
後果堪憂。

（二）《小雅・斯干》《序》曰：「宣王考室也。」〔註15〕呂祖謙釋之曰：

一章總述其宮室之面勢而願其親睦。二章三章述其作室之意與營
築之狀，至於風雨攸除，鳥鼠攸去，則宮室成矣。故四章言望其
外，則雄壯軒豁如此，五章言觀其内則高明深廣如此。望其外則
未入也，故曰：君子攸躋。言其方升也。觀其内則已入，故曰：「君
子攸寧。」言其既處也。六章已（以）下，皆禱頌之辭。（卷二十，
頁 1670）

全篇敘述層次分明；由遠而近，由大而小，由外而內，綜述全詩細緻而生動。
呂祖謙於〈拾遺（一）〉曾云：「詩先要看大義，又要研窮，如『不以文害辭，
不以辭害意。』是看大義，研究時卻須子（仔）細看。」（《東萊呂太史外集・
拾遺》收入《叢書集成續編》第一二八冊，頁 715）因此他有時對一篇詩，僅
簡述其大意。

（三）《小雅・庭燎》是讚美宣王早朝勤政，呂祖謙曰：

宣王將朝而屢問，其志雖勤，然未能安定凝止，躍然有喜事之心焉，
斯其所以不能常也。（卷十九，頁 1660）

此詩共三章，每章首句皆言「夜如何其？」故有「將朝而屢問」句，呂氏以
爲其「躍然有喜事之心」。宣王勤於政事，及時視朝，全篇未曾言王之勤，而
勤勞之意自見於言外。

〔註15〕考，成也。歐陽氏曰：「古人成室而落之，必有稱頌禱祝之言。」（卷二十，
頁 1667）

（四）《周南・桃夭》篇，呂祖謙綜述其大意曰：

> 「桃之夭夭，灼灼其華。」因時物以發興，且以心其華色也。既詠
> 其華，又詠其實，又詠其葉，非有他義，蓋餘興未已而反覆歌詠之
> 爾。（卷二，頁1462）

桃花最艷，故取其比喻女子，全篇三章，以華、實、葉三層變換句法，反覆
歌詠。

第四節　論作詩之法和探討詩旨

一、論作詩之法

（一）協　韻

牟應震《毛詩質疑》曰：

> 叶韻，六朝人謂之協句，顏師古謂之合韻，叶即協也，合也，猶俗
> 言押韻。（頁381〈論古無叶音〉）

「叶即協也」，故「叶韻」即「協韻」。

古代語音隨歷史發展而產生變化，《詩經》中押韻之詩句，後人以當時語
音讀之，則不押韻。六朝時，為求得《詩經》押韻和諧，於是認為某字該改
讀某音，此即所謂「協句」或「叶韻」（協韻）。例如：

1、《邶風・燕燕》第三章：

> 燕燕于飛，上下其音。之子于歸，遠送于南。瞻望弗及，實勞我心。

《經典釋文》於「南」字之下註曰：

> 沈云協句，宜及林反。今謂古人韻緩，不煩改字。（卷五，〈毛詩音
> 義〉上，頁223，收入《叢書集成新編》第三十九冊，頁3）

陸德明引沈重之說，謂「協句」，並云：「今謂古人韻緩，不煩改字。」已言
及古今韻之不同。或許受陸德明此言之影響，宋代吳棫作《韻補》，即行「古
人韻緩」之主張。

2、《邶風・日月》第一章：

> 日居月諸，照臨下土。乃如之人兮，逝不古處。胡能有定？寧不我顧！

《經典釋文》於「顧」字之下註曰：

> 徐音古，此亦協韻也。（同上書、卷、頁）

陸德明謂徐邈音「古」，並云此亦「協韻。」《經典釋文》中諸如此類之例甚多，所謂「協韻說」即始於此。

唐代，除改字音以協韻外，更有因協韻而改古書文字者。史載唐玄宗改《尚書‧洪範》篇之「無偏無頗」爲「無偏無陂」以求協韻。所謂「協韻」，誠爲以今律古而削足適履之法，朱熹註《詩經》即用協韻之方式，例如：

1、《周南‧關雎》第三章：

　　參差荇菜，左右采之。窈窕淑女，琴瑟友之。

朱熹《詩集傳》於「采」字之下註曰：「叶此履反」；於「友」字之下註曰：「叶羽己反」（卷一，頁2）

《邶風‧匏有苦葉》第四章：

　　招招舟子，人涉卬否。人涉卬否，卬須我友。

朱熹於「友」字之下註曰：「叶羽軌反」（卷二，頁20）。同一「友」字，前者讀「以」音，後者讀「委」音，皆視需要而改讀某音以協韻。

2、《召南‧行露》第二章：

　　誰謂雀無角？何以穿我屋？誰謂女無家？何以速我獄？雖速我獄，
　　室家不足。

朱熹《詩集傳》於「家」之下註曰：「叶音谷」（卷一，頁10），以便與角、獄、足等字「協韻」。然此篇第三章：

　　誰謂鼠無牙？何以穿我墉？誰謂女無家？何以速我訟？雖速我訟，
　　亦不女從。

此章「家」字之下卻註曰：「叶各空反」（《詩集傳》卷一，頁10），以便與墉、訟、從等字「協韻」。同是「家」字，字音卻隨上下文而隨意更改，以求其協。此種錯誤之觀念，係由於前人未留意語音發展之事實，不知古今語音有異。

明代焦竑於《焦氏筆乘》曰：

　　如此則東亦可音西，南亦可音北，上亦可音下，前亦可音後，凡字
　　皆無正呼，凡《詩》皆無正字矣。（卷三，頁63，〈古詩無叶音〉。
　　收入《叢書集成新編》第八十八冊，頁222）。

焦竑以爲「古詩無叶音」，學者以今韻讀《詩》，若有不和諧，則「強爲之音曰：此叶也。」此非古韻，乃學者「自以意叶之」耳。

陳第則專求本音，已知古今音不同之理，其於《毛詩古音考‧自序》云：

　　時有古今，地有南北，字有更革，音有轉移，亦勢所必至。故以今

之音讀古之作，不免乖刺而不入，于是悉委之叶。……作之非一人，
采之非一國，何母必讀米，非韵杞、韵止，則韵祉、韵喜矣。馬必
讀姥，非韵組、韵黼，則韵旅、韵土矣。……其矩律之嚴，即唐韵
不啻，此其何故耶？又《左》、《國》、《易象》、《離騷》、《楚辭》、秦
碑、漢賦，以至上古歌謠、箴銘、贊誦，往往韵與詩合，實古音之
證也。（收入《音韻學叢書》第一冊，頁5～6）。

由於時間、空間之不同，以致字、音皆有所變更，以今音讀古代之作品，自
是不和諧。而《左傳》、《國語》、〈離騷〉、《楚辭》，以及上古之歌謠、箴銘等，
往往韻與《詩》諧，此種現象實古今語音不同之證據。

　　呂祖謙生於宋代，雖不及見陳第之說，然其「協韻」卻無朱熹隨意改音
以求協之弊病。《呂氏家塾讀詩記》卷一載呂祖謙之說曰：

詩之大體，必須依韻，其有乖者，古人之韻不協爾。之、兮、矣、
也之類，本取以爲辭，雖在句不以爲義，故處末字者皆字上爲韻；「左
右流之，寤寐求之」、「其實七兮，迨其吉兮」之類是也。亦有即將
助句之字以當聲韻者；「是究是圖，亶其然乎」、「其虛其邪，既亟只
且」之類是也。（卷一，頁1451）

呂祖謙認爲《詩》大多協韻，若字尾係虛字，則以字上爲韻，如《周南·關
雎》「左右流之，寤寐求之」句，以「流」與「求」押韻，又《召南·摽有梅》
「其實七兮，迨其吉兮」句，以「七」與「吉」押韻。也有以助句之字爲韻
者；如《小雅·常棣》「是究是圖，亶其然乎」則以「圖」與「乎」押韻，《邶
風·北風》「其虛其邪，既亟只且」句，以「邪」與「且」押韻。《詩》之有
韻，爲便於吟詠；抑揚頓挫，餘味無窮。故又云：

看詩且須詠諷，此最治心之法。（《呂東萊先生文集》卷十五〈詩說
拾遺〉，收入《叢書集成新編》第七十四冊，頁473）

詩須諷詠，始能有得，「優游玩味，吟哦上下」需講求協韻，故呂祖謙釋《詩》
亦常點出其協韻處，例如：

1、《豳風·九罭》篇，呂祖謙云：

凡詩之體，初言者本意也，再言者協韻也。「於女信處」本意也，「於
女信宿」協韻也。詩亦有初淺後深，初緩後急者，然大率後章多是
協韻。（卷十六，頁1612）

「公歸無所，於女信處！」呂祖謙引陳氏曰：「今公未歸其所，於女朝廷之臣，

信能自安處乎。」即《序》所謂「周大夫刺朝廷之不知也」。而「鴻飛遵陸，公歸不復，於女信宿」，陸、復、宿三字協韻。呂祖謙認為首章是本意，次章以後是協韻，這種說法似乎很難成立。

2、《邶風・北風》篇，呂祖謙云：

> 「惠而好我，攜手同行（按：行，應為「車」）」蓋泉涸魚相與處于陸，相煦以濕，相濡以沫之時也，同車不必指貴者，特協韻耳。（卷四，頁 1495）

此詩第三章有「惠而好我，攜手同車」句，呂氏認為「同車」是協韻，不必指貴者。從同行、同歸、至同車，其間情感有所遞增，並非僅協韻而已。

3、《小雅・大田》篇，呂祖謙云：

> 來南方則用「騂」牲，來北方則用「黑」牲，獨舉「騂黑」者，孔氏所謂略舉二方以為韻句是也。（卷二十二，頁 1730）

此篇係詠稼穡祭祀四方之神，或用赤色牲；或用黑色牲，為了韻句，故只舉騂黑二色。〔註16〕

（二）賦比興

呂祖謙引鄭玄《周禮注》曰：「賦之言鋪，直鋪陳善惡」，「比者，比方於物」。又引孔氏曰：「興者起也。」王氏曰：「以其所感發而況之之謂興，興兼比與賦者也。」（卷一，頁 1449），「興兼比與賦」之說法徐復觀有類似的主張，徐復觀於〈釋詩的比興——重新奠定中國詩的欣賞基礎〉中說：

> 賦比興各以獨立形態而出現的機會較少，以互相滲和融合的方式而出現的機會特多，這種滲和融合，不僅表現在一篇一章之中，更有將三種要素，凝鑄於一句之內。……常是言在環中，意超象外，很難指明它到底是賦，是比，是興，而實際則是賦比興的渾合體；尤其是此時的興，常不以自己的本來面貌出現，而是假借賦比的面貌出現，因而把賦比轉化為更深更微的興，這樣，便常能在一句詩中，賦予它以無限地感嘆流連的生命感。（收入《詩經研究論集》（一），頁 85）

徐復觀先生認為賦比興以融和方式出現較多，個別出現的機會較少，有時甚至融於一句之內，難以分辨其為賦、或比、或興，而興亦常以賦比之面目出

〔註16〕「孔氏曰：《周禮・牧人》云：『陽祀用騂牲，陰祀用黝牲：陽祀南郊及宗廟，陰祀北郊及社稷；毛分騂黑為二牲。』鄭以騂黑為二色，故引牧人騂黝以明騂黑為別方之牲，非謂祭在陽祀、陰祀之中也。」（卷二十二，頁 1730）

現。以此觀之，有人批評呂祖謙「不太瞭解『興』的意義，所以認為興多兼比，興兼賦比，甚至把興也認為是比了。」(《呂祖謙的詩經學》頁 29) 的說法似乎不太公平。呂祖謙說：「詩有六體，逐篇一一求之，有兼得者，有偏得一二者。」(〈詩說拾遺〉收入《叢書集成新編》第七十四冊，頁 473) 故其解《詩》常云：此章具賦比興三義、興之兼賦比、全篇皆比……等，例如：

 1、《大雅·卷阿》篇：

> 此章具賦比興三義，其作詩之由，當從朱氏，[註17] 其因卷阿飄風而發興，當從毛氏，[註18] 以卷阿飄風而興求賢，因以虛中屈體化養萬物為比，則當如鄭氏王氏之說也。[註19] 三說相須，其義始備。
>
> （卷二十六，頁 1812）

此為第一章：「有卷者阿，飄風自南。豈弟君子，來游來歌，以矢其音。」呂祖謙合毛《傳》、鄭《箋》，及王氏、朱氏之說，認為此章具賦比興三義。

 2、《周南·關雎》篇，呂祖謙云：

> 〈關雎〉具風比興三義，一篇皆言后妃之德，以風動天下，首章以雎鳩發興，後二章皆荇菜發興。至於雎鳩之和靜，荇菜之柔順，則又取以為比也。風之義易見，惟興與比相近而難辨，興多兼比，比不兼興，意有餘者，興也。直比之者，比也。興之兼比者，徒以為比，則失其意味矣。興之不兼比者，誤以為比，則失之穿鑿矣。（卷二，頁 1457）

「興與比相近而難辨，興多兼比，比不兼興，意有餘者，興也。」此說與前面所引徐復觀先生之看法相近；由於興「常不以自己的本來面貌出現，而是假借賦比的面貌出現，因而把賦比轉化為更深更微的興。」因此有興多兼比，或興兼賦比的現象，如《小雅·伐木》篇，呂祖謙云：「興之兼賦比者也。」[註20] （卷十七，頁 1624）《秦風·蒹葭》篇則云：「此詩全篇皆比。」（卷十

[註17] 「朱氏曰：『豈弟君子』指王也。矢，陳也。疑召公從成王遊於卷阿之上而賦其事，因遂歌以為戒也。」（卷二十六，頁 1812）

[註18] 「毛氏曰：興也。卷，曲也。飄風，回風也。矢，陳也。」（同註17）

[註19] 「鄭氏曰：大陵曰阿，有大陵卷然而曲迴，風從長養之方來入之，喻王當屈體以待賢者。」

   「王氏曰：有卷者阿則虛中屈體之大陵，飄風自南則化養萬物之迴風，不虛中則風無自而入，不屈體則風無自而留，其為陵也不大，則其化養也不博，王之求賢則亦如此而已。」（同註17）

[註20] 《小雅·伐木》：「伐木丁丁，鳥鳴嚶嚶。」毛《傳》云：「興也。……言昔日

二，頁1575）

3、《王風‧兔爰》篇，毛《傳》曰：「興也。」呂祖謙云：

> 孟子曰：雉兔者往焉，蓋采捕於野者多得雉兔，因以名之。此詩亦
> 因所見而爲比也，兔之大以比諸侯，雉之小，周人以自比也，言諸
> 侯之背叛者恣睢自如，而周人反受其禍也。（卷七，頁1524）

「有兔爰爰，雉離于羅。」前句比諸侯之逍遙自在，後句比周人之遭逢亂世，
以兔雉之對比，而有生不逢辰之歎，「因所見而爲比也」。毛《傳》言「興」，
呂祖謙認爲是「比」。

徐復觀先生說：「興在詩中的意義，是較之賦和比更爲直接、深微，……
興是把詩從原始地、素樸地內容與形式，一直推向高峰的最主要的因素。」（〈釋
詩的比興〉收入《詩經研究論文集（一）》頁89）而《詩經》三百零五篇中，
毛氏標「興也」達一百餘篇，可見「興」在詩中所佔的比例很大。亦有毛氏
未標「興」者，呂祖謙認爲是「興」，例如《小雅‧南有嘉魚》：

> 嘉魚群然入於網，罩之又罩，取之不竭，興得賢之多也。（卷十八，
> 頁1638）樛木下垂以興君，瓠之甘者以興賢，南有樛木、甘瓠纍之，
> 言相與固結而不可解也。（卷十八，頁1639）

《魯頌‧有駜》：

> 有駜有駜，興僖公有臣之壯盛也。所謂君致其養，臣盡其忠者，蓋
> 莫不在其中矣。（卷三十一，頁1878）

呂祖謙之解似較毛《傳》更細密，能補毛《傳》及諸家解之未備。

二、詩旨之探討

（一）論一篇之大旨

看《詩》須先識《詩》之大旨，呂祖謙於〈詩說拾遺〉云：

> 凡觀《詩》須先識聖賢所說大條例，如孟子言：「不以文害辭，不以
> 辭害志。」又〈大序〉言：「言之不足，故嗟歎之。」又橫渠言：「置
> 心平易，始知詩。」之類皆是。（《呂東萊先生文集》卷十五，收入
> 《叢書集成新編》第七十四冊，頁473）

未居位，在農之時，與友生於山巖伐木，爲勤苦之事，猶以道德相切正也。」
（《毛詩鄭箋》卷九，頁5）毛《傳》其初雖標「興也。」然而其後卻以「猶」
字解之，「猶」爲比喻之詞，故知其所謂之「興」實與今之「比」極相似。

呂祖謙釋詩篇時，或點出一篇之大旨，或證以史事，或抒其心得，多體會真切處，例如：

1、《豳風・九罭》，呂祖謙曰：

> 成王既發金縢，悔悟而迎周公，其言曰：「惟朕小子，其心逆我國家，禮亦宜之。」此正國人之所望於朝廷者也。首章曰：「我覯之子，袞衣繡裳。」卒章曰：「是以有袞衣兮，無以我公歸兮。」所謂禮亦宜之者也，乃此篇之大指也。說詩者徒見「信宿」兩字偶相屬，遂以為過宿曰信之信，故其釋二章三章，或以為西人語東人，或以為東人自相語，而不見國人深望乎上誠懇切至之意，求一字之通，而失一篇之旨，學者苟能玩味程氏之說，〔註21〕則詩人之心可見矣。（卷十六，頁 1611～1612）

周公不得其所，朝廷之人未用上公禮服迎周公，因此責朝廷之人「信能自安處乎！」。說詩者因誤釋「信」字，以致失一篇之大旨。

2、《小雅・常棣》篇，呂祖謙曰：

> 疏其所親，而親其所疏，此失其本心者也，故此詩反覆言朋友之不如兄弟，蓋示之以親疏之分，使之反循其本也。本心既得，則由親及疏，秩然有序，兄弟之親既篤，而朋友之義亦敦矣。（卷十七，頁 1621）

呂氏認為此詩強調兄弟應相親愛，並引鄭氏曰：「周公弔二叔之不咸，而使兄弟之恩疏，召穆公為作此詩而歌之以親之。」（卷十七，頁 1619）

3、《小雅・角弓》篇，其云：

> 「騂騂角弓，翩其反矣。」此兩句乃一詩之大旨，角弓之為物，可彎而來者也，言角弓苟暫無人彎，則翩然而反去矣。九族，親之者來；疏之則遠。義亦猶此。（〈詩說拾遺〉收入《叢書集成新編》第七十四冊，頁 477）

弓不用時，則卸其弦，而向外反張，呂祖謙認為此係一詩之大旨，以之喻骨肉之親勿相疏遠，相疏遠則易成怨。

4、《小雅・出車》篇，呂祖謙於〈詩說拾遺〉中曰：

〔註21〕《豳風・九罭》第四章：「是以有袞衣兮，無以我公歸兮，無使我心悲兮。」程氏曰：「此章祈反周公誠切之意，『是以』猶所以也。朝廷以有袞衣之章，用尊禮聖賢，『無以』以也，無以是服逆我公來歸，無使士民之心悲思望公也。」

觀〈出車〉之詩，見文王所以爲至德也；紂何人哉？文王何人哉？
不言可知矣。然文王事紂，亦與事堯、舜、禹、湯之君之心無異，
蓋文王之心，但見紂之爲天子，欲爲臣盡臣道而已。初不見紂之難
事也，味其辭曰：「自天子所，謂我來矣。」其見天子之尊嚴如此；
其曰：「天子命我，城彼朔方。」其敬奉天子之威命如此；其曰：「王
事多難，不遑啓居。」王事靡盬，不遑啓處，其憂勤王家切切如此。
所謂有事君之小心，非文王而誰耶，此一詩之大旨也。（收入《叢書
集成新編》第七十四冊，頁 476）

此篇是一首較長之史詩，共六章，每章八句。根據鄭玄《詩譜》之說，此詩
作於文王時，寫文王出征玁狁之事。班固《漢書》則認爲作於宣王時，寫尹
吉甫與南仲北征玁狁事。呂祖謙採鄭玄之說，故以爲從篇中可看出文王之所
以爲至德，「有事君之小心，非文王而誰耶！」係一篇之大旨。

（二）意在言外者

呂祖謙於〈雜說〉中曾云：「詩之體不同，亦如今人作文，亦有文意甚易
曉者，如〈兔爰〉是也；有意在言外者，〈碩人〉、〈清人〉之類是也。〈碩人〉
詩無不見答意，但別美族氏之盛、容貌之美、車服之華，則其人可知矣。」（《東
萊呂太史外集》收入《叢書集成續編》第一二八冊，頁 717）。又曰：

前人於詩，有舉之者，有釋之者。舉之者，斷章取義；釋之者，則
如《大學》之淇澳，乃正釋《詩》之法也。又詩體寬，不可泥著，
然亦不可只便讀過，亦不見其言外之意趣。（〈詩說拾遺〉收入《叢
書集成新編》第七十四冊，頁 474）

從以上可見呂祖謙頗留意詩篇之「意在言外」者，其釋《詩》時亦常指出言
外之意何在，茲試舉二篇爲例：

1、《齊風‧猗嗟》篇，其曰：

「四矢反兮！以禦亂兮！」蓋稱莊公弓矢之精，可以禦亂，觀其以
金僕姑射南宮長萬則可見矣。說者或謂詩人諷莊公當用以禦亂，非
也。是詩譏刺之意皆在章外：一章嘆其威儀技藝之美也；二章復歎
其威儀技藝宜爲我甥也；三章復歎其威儀技藝可以禦亂也。嗟嘆再
三，而莊公所大闕者，不言可見矣。（卷九，頁 1552）

此篇齊人以傷歎之語氣讚美魯莊公的儀表及技藝，「四矢反兮！以禦亂

兮！」，所謂「亂」者，係譏刺之雙關語，其意在言外也。〔註22〕

2、《大雅‧行葦》篇，呂祖謙曰：

> 「敦彼行葦」、「方苞方體，維葉泥泥。」其可使牛羊踐履之乎？忠
> 厚之意藹然，蓋見於言語之外矣。（卷二十六，頁 1801）

道旁之葦，是極微不足道之物，其方始生，即禁止牛羊踐踏之，何況自己親
愛的兄弟，怎可不親近呢？故呂氏云：「忠厚之意藹然，蓋見於言語之外」。

（三）存其訓故，以待知者

對於詩旨不明著，呂祖謙並不強釋之，而曰：「今存其訓故，以待知者。」
例如《小雅‧鶴鳴》，其云：

> 此詩既不見所指，諸家雖互有所長，然未必得詩人之意也，今存其訓
> 故，以待知者。毛氏最在眾說之先，恐其傳有自，亦附注焉。〔註23〕
>
> （卷十九，頁 1662）

其引《毛詩草木鳥獸蟲魚疏》、《經典釋文》、《說文解字》、鄭氏、范氏、呂氏、
毛氏等諸家訓詁，並引李氏曰：「〈鶴鳴〉二章，殊無一句序己意，其詩最為
難曉。」（頁 1661）此亦呂祖謙之意歟！

〔註22〕以莊公之善射，似可禦「亂」，然齊侯文姜之「亂」，則無計禦之，故以傷歎
之語氣譏刺，蓋呂祖謙尊《序》，以莊公「不能以禮防閑其母，失子之道，人
以為齊侯之子焉。」（卷九，頁 1551）

〔註23〕「毛氏曰：『鶴鳴于九皋，聲聞于野。』言身隱而名著也，良魚在淵，小魚在
渚，何樂於彼園之觀乎！尚有樹檀，而下其蘀，『它山之石，可以為錯。』石
可以琢玉，舉賢用滯則可以治國。」（卷十九，頁 1662）

第六章 字句之考訂

第一節 釋字詞

一、補前人說法之未備

　　《呂氏家塾讀詩記》採用諸家注解，其中大多數引毛《傳》、鄭《箋》的解釋，若諸家未解，或毛《傳》、鄭《箋》解釋太過簡略，呂祖謙則加以詳述或補充之。例如：

　　（一）《大雅・韓奕》篇第三章「侯氏燕胥」，關於「侯氏」二字，毛《傳》
　　　　　未解，鄭《箋》云：

　　　諸侯在京師未去者，於顯父餞之時，皆來相與燕。（《毛詩鄭箋》卷
　　　十八，頁 18）

呂祖謙曰：

　　　觀禮稱來朝之諸侯皆曰「侯氏」，然則此所謂「侯氏」，或者專指韓
　　　侯也歟。（卷二十七，頁 1843）

此篇敘韓侯來受命之事，故「侯氏」應指韓侯，而非「來相與燕」之諸侯。

　　（二）《邶風・泉水》篇第三章：「載脂載舝，還車言邁。」，毛《傳》曰：
　　　　　「脂舝其車，以還我行也。」鄭《箋》云：「言還車者，嫁時乘來，
　　　　　念思乘以歸。」（《毛詩鄭箋》卷二，頁 14），呂祖謙曰：

　　　還車，猶言回轅，不必云嫁時所乘之車也。（卷四，頁 1493）

呂祖謙認為毛《傳》、鄭《箋》對「還車」之解皆不甚清楚，因之《呂氏家塾

讀詩記》中未採其解。

（三）《王風・中谷有蓷》篇第二章：「遇人之不淑矣！」毛《傳》未解，鄭《箋》云：「淑，善也。君子於己不善也。」（《毛詩鄭箋》卷四，頁 4）董氏曰：「古之傷死者之辭曰：『如何不淑。』」（卷七，頁 1523），呂祖謙曰：

> 古者謂死喪饑饉皆曰「不淑」，蓋以吉慶爲善事，凶禍爲不善事，雖
> 今人語猶然。（卷七，頁 1523）

呂祖謙認爲諸解簡略，故詳言之。

（四）《齊風・甫田》篇第二章「維莠桀桀。」毛《傳》曰：「桀桀猶驕驕也。」（《毛詩鄭箋》卷五，頁 5），呂祖謙曰：

> 驕驕、桀桀，皆稂莠侵陵嘉穀之狀。（卷九，頁 1548）

毛《傳》對「桀桀」之解不甚清楚，故呂氏加以申述之。

（五）《衛風・伯兮》第二章：「豈無膏沐」，毛《傳》、鄭《箋》及諸家均未解，呂祖謙曰：

> 「膏」所以膏首面，「沐」蓋潘也。《左氏傳》：「遺之潘沐」杜預注
> 云：「潘，米汁，可以沐頭。」魯遣展喜以膏沐勞齊師，則膏非專婦
> 人用也。（卷六，頁 1517）

呂祖謙根據《左傳》將「沐」解釋爲米汁，並認爲「膏」非婦人專用，此解較精當。

（六）《小雅・采菽》篇，第一章：「玄袞及黼。」毛《傳》曰：「玄袞，卷龍也。白與黑謂之黼。」鄭《箋》云：「玄袞，玄衣而畫以卷龍也。黼，黼黻，謂絺衣也。」（《毛詩鄭箋》卷十五，頁 2），呂祖謙曰：

> 上公之服九章，「玄」者，衣之色也。「袞」者，畫之於衣，九章之
> 第一章也。「黼」者，繡之於裳，九章之第八章也。「玄袞及黼」皆
> 謂上公之服也。（卷二十三，頁 1744）

毛《傳》、鄭《箋》之解皆不完全，故呂祖謙詳述之。

（七）《鄭風・女曰雞鳴》篇，第一章：「女曰：雞鳴，士曰：昧旦。」諸說均未就「昧旦」二字解，呂氏曰：

> 「昧」，晦也。「旦」，明也。「昧旦」，天欲旦，晦明未辨之時也。列
> 子曰：「將旦昧爽之交，日夕昏明之際。」（卷八，頁 1534）

諸說未備，故呂祖謙就「昧旦」二字申述之。

（八）《大雅・文王》篇第五章：「王之藎臣」的「藎」字，毛《傳》曰：「藎，進也。」鄭《箋》云：「今王之進用臣。」（《毛詩鄭箋》卷十六，頁2）呂祖謙曰：

　　「藎」者，忠愛之篤，進退無已也，故謂之忠藎。（卷二十五，頁1767）

毛《傳》、鄭《箋》之解太簡略，呂祖謙進一步加以說明之。

（九）《小雅・四牡》篇，第一章：「四牡騑騑，周道倭遲。」毛《傳》曰：「周道，歧周之道也。」（《毛詩鄭箋》卷九，頁2）呂祖謙曰：

　　「周道」，或以為通途，或以為大路，蓋疑文王遣使所之者非一國，不止於周之境內，故為是說，抑不知使臣初發，蓋自周道以往，故以周道言之，況正《小雅》實兼文武之治，由武王之時論之，則溥天之下，莫非周道矣。（卷十七，頁1617）

毛《傳》之解釋簡略，故呂祖謙詳釋之。

二、從二詩之使用字詞以觀之

（一）字同，義不同

1、《小雅・出車》第四章：

　　昔我往矣，黍稷方華；今我來思，雨雪載塗。（卷十七，頁1633）

《小雅・采薇》第六章：

　　昔我往矣，楊柳依依。今我來思，雨雪霏霏。（卷十七，頁1630）

呂祖謙曰：

　　〈采薇〉之所謂「往」，遣戍時也，此詩（〈出車〉）之所謂「往」，在道時也。〈采薇〉之所謂「來」，戍畢時也，此詩（〈出車〉）之所謂「來」，歸而在道時也。（卷十七，頁1633）

〈采薇〉係戍役者還歸之詩，〈出車〉是征伐玁狁的將佐，歸來後自敘的詩。二詩之結構、辭句雖類似，然而相同的字，在二詩中的意義卻不同：呂祖謙謂「往」字於〈采薇〉中指「遣戍時」；〈出車〉中則指「在道時」。「來」字在〈采薇〉中言「戍畢時」；〈出車〉中云「歸而在道時」。

2、《鄘風・蝃蝀》第一章，《邶風・泉水》第二章，《衛風・竹竿》第二章，

皆有「女子有行，遠父母兄弟。」句，呂祖謙曰：

> 「女子有行，遠父母兄弟。」此詩（〈蝃蝀〉）及〈泉水〉、〈竹竿〉
> 辭同而意不同此詩（〈蝃蝀〉）蓋國人疾淫奔者，言女子終當適人，
> 非久在家者，何爲而犯禮也。〈泉水〉、〈竹竿〉蓋衛女思家，言女子
> 分當適人，雖欲常在父母兄弟之側，有所不可得也。一則欲居家而
> 不可得，一則欲亟去家而不能得，其善惡可見矣。（卷五，頁1505）

〈蝃蝀〉、〈泉水〉、〈竹竿〉三詩中之「女子有行，遠父母兄弟。」句，詞雖
同，而意不同，呂祖謙認爲此句於〈蝃蝀〉詩中，是國人不齒淫奔而犯禮之
女子；於〈泉水〉、〈竹竿〉二詩中係云衛女思家而歸不得，二者之相異不可
以道里計。

　　3、《小雅·出車》第五章：

> 喓喓草蟲，趯趯阜螽。未見君子，憂心忡忡，既見君子，我心則降。
> 赫赫南仲，薄伐西戎。

呂祖謙曰：

> 「喓喓草蟲」以下六句，說者以〈草蟲〉之詩有之，遂亦以爲室家
> 之語。觀其斷句曰：「赫赫南仲，薄伐西戎。」其辭奮張，豈室家思
> 望之語乎！「毋逝我梁，毋發我笱，我躬不閱，惶恤我後！」兩見
> 於〈谷風〉、〈小弁〉之詩，其一夫婦也；其一父子也。（卷十七，頁
> 1633）

《召南·草蟲》第一章云：「喓喓草蟲，趯趯阜螽。未見君子，憂心忡忡；亦
既見止，亦既覯止，我心則降。」是寫婦人思念其遠行之丈夫，想像丈夫一
旦歸來，其心始安。其詞與〈出車〉極爲相近，故說詩者以爲此章亦「室家
之語」，[註1] 呂祖謙認爲其末有「赫赫南仲，薄伐西戎。」一詞，「其辭奮張」，
非是「室家思望之語」。詞同，意未必同，並舉「毋逝我梁，毋發我笱，我躬
不閱，遑恤我後？」在《邶風·谷風》與《小雅·小弁》二詩中各有所指以
爲證。[註2]

〔註1〕朱熹曰：「此言將帥之出征也，其室家感時物之變而念之。以爲未見而憂之如
　　　　此，必既見後心可降耳。」牛運震曰：「忽插入一段室家之思，婉媚有情。」
　　　　（《詩志》卷三，頁10）
〔註2〕《邶風·谷風》第三章：「毋逝我梁，毋發我笱。我躬不閱，遑恤我後！」，《小
　　　　雅·小弁》第八章：「無逝我梁，無發我笱；我躬不閱，遑恤我後！」，前者
　　　　是棄婦怨訴之詩；後者是爲人子者，不得於父母，而憂讒畏禍所做的詩，故

（二）義同，字不同

1、《秦風・晨風》：

鴥彼晨風，鬱彼此林。未見君子，憂心欽欽。如何如何？忘我實多！

（卷十二，頁 1577）

全篇三章，每章末皆有「如何如何？忘我實多」句，有「如之何而莫我肯顧」之歎！《詩序》曰：「刺康公也，忘穆公之業，始棄其賢臣焉。」

《秦風・權輿》篇：

於我乎夏屋渠渠，今也每食無餘，于嗟乎不承權輿。於我乎每食四

簋，今也每食不飽，于嗟乎不承權輿。（卷十二，頁 1579）

言康公其初有渠渠之夏屋以待賢者，其後禮數愈來愈薄，終至棄之。二詩皆針對康公之「寡恩」而言，怨其棄賢臣，有始無終，故呂祖謙曰：

秦之寡恩，於〈晨風〉、〈權輿〉二詩見之。（卷十二，頁 1578）

2、《檜風・匪風》：

匪風發兮，匪車偈兮。顧瞻周道，中心怛兮！

匪風飄兮，匪車嘌兮。顧瞻周道，忠心弔兮！

犬戎作亂，幽王被殺，鎬京淪陷，詩人顧瞻周道，爲之憂傷。而〈曹風・下泉〉曰：

冽彼下泉，浸彼苞稂。愾我寤歎，念彼周京。

冽彼下泉，浸彼苞蕭。愾我寤歎，念彼京周。

王子朝之亂，曹人被徵調去勤王，戍守在成周外狄泉地方，盼能早將天子送入王城，眼見泉水所經之處，只有野草叢生，不禁憂念起周京。呂祖謙曰：

〈匪風〉、〈下泉〉思周道之詩，獨作於曹檜何也？曰：政出天子，

則強不陵弱，各得其所；政出諸侯，則徵發之煩，共億之困，侵伐

之暴，唯小國偏受其害，所以睠懷宗周爲獨切也。（卷十四，頁 1590

～1591）

前舉《檜風・匪風》、《曹風・下泉》二詩，皆引其第一、二章爲例，前者反覆「顧瞻周道」，後者則云「念彼周京」，其詞雖不同，然其意皆爲「睠懷宗周」也。

3、〈小雅・無羊〉第四章：

云「其一夫婦也，其一父子也。」

> 牧人乃夢：眾維魚矣，旐維旟矣。大人占之：「眾維魚矣，實維豐年；
> 旐維旟矣，室家溱溱。」

牧人夢見許多魚，「魚」與「餘」音近，是豐年之兆，「旐維旟矣，室家溱溱。」言人口眾多，因旐旟所以聚眾也。《小雅·斯干》第八、九兩章：

> 乃生男子，載寢之床，載衣之裳，載弄之璋，其泣喤喤，朱芾斯皇，
> 室家君王。

> 乃生女子，載寢之地，載衣之裼，載弄之瓦。無非無儀，唯酒食是
> 議，無父母貽罹。

能生男育女，子孫亦代代繁昌，與第一章之宜聚國族於斯，遙相呼應。「歲熟民滋」始能惟議酒食而已。呂祖謙論此二詩曰：

> 以〈斯干〉、〈無羊〉之卒章觀之，所願乎上者子孫昌盛；所願乎下
> 者歲熟民滋，皆不願乎其外也。（卷二十，頁1672）

《小雅·斯干》之「乃生男子」、「乃生女子」、「唯酒食是議」與《小雅·無羊》之「眾維魚矣，實維豐年；旐維旟矣，室家溱溱。」二者所用之詞不同，然其均為頌禱之辭，所願者皆「子孫昌盛，歲熟民滋」也。

三、釋字詞例

呂祖謙說：

> 學者多舉伊川語云：「漢儒泥傳注。」伊川亦未嘗令學者廢傳注，近
> 時多忽傳注而求新說，此極害事。後生於傳注中須是字字參考始得。
> （《東萊呂太史外集》〈拾遺（一）〉收入《叢書集成續編》第一二八
> 冊，頁171）

《呂氏家塾讀詩記》撰述體例即在採諸儒傳注之長，他不滿當時的「忽傳注而求新說」，以為如此極其害事，尤其對傳注中的字，認為需「字字參考」始有所得。對於看《詩》，他說：

> 大處既看，小處亦當看；大處如〈定之方中〉及〈黍離〉是也，小
> 處是一篇之中訓故是也。（同上）

可見他很重視訓詁，在與朱熹信中曾云：

> 《詩說》止為諸弟輩看，編得訓詁甚詳。（《東萊呂太史別集》卷八，
> 頁14〈與朱侍講〉，收入《叢書集成續編》第一二八冊，頁628）

因古書時有字深、義奧處，若不明訓詁，則易誤釋之，故章句訓詁亦甚重要。

茲述其釋字詞之例如次：

1、〈大雅‧烝民〉第四章：「邦國若否，仲山甫明之。既明且哲，以保其身。」呂祖謙釋其字詞曰：

「明」亦「哲」也，並言之，則明者哲之發，哲者明之實也，既明且哲而後可以保身，甚矣保身之難也。（卷二十七，頁 1840）

哲，智也，知人則哲。呂祖謙云：「明者哲之發，哲者明之實。」故明哲可以保身。

2、《陳風‧宛丘》第一章：「子之湯兮，宛丘之上兮。洵有情兮，而無望兮。」呂祖謙釋「湯」字曰：

「湯」雖訓「蕩」，與徑斥為淫蕩者，辭氣緩急猶不同，「洵有情兮，而無望兮，從容不迫」，而諷切之者深矣。（卷十三，頁 1581）

陳國風俗喜歌舞遊蕩以為樂，「洵有情兮，而無望兮」，詩人諷諫之意含蓄而深刻。

3、《小雅‧瞻彼洛矣》第一章：「瞻彼洛矣」之「洛」字，呂祖謙曰：

〈職方氏〉：河西曰雍州，其浸渭洛。故毛《傳》以洛為宗周之浸水，洛水雖出於京兆上洛西山，然其流尚微，此詩所謂「洛」蓋指東都也。（卷二十二，頁 1731）

屈萬里先生《詩經釋義》云：「洛，乃西周之洛，源出今陝西定邊縣東南白於山，東南流至朝邑縣境，入於渭。此水作洛，在東周者作雒（頁 185）。呂祖謙引王氏曰：「洛水，東都之所在也。瞻彼洛水而思古之明王，見其地而不見其人也，先王會諸侯於東都，於是爵命諸侯。」（頁 173）故呂祖謙認為「洛」字於此詩中「蓋指東都也」。

4、《鄘風‧牆有茨》第一章：「中冓之言，不可道也。」呂祖謙引前漢梁王共傳：「聽聞中冓之言」應劭注曰：「中冓，材構在堂之中也。」顏師古曰：「構，謂舍之交積材木也。」鄭氏曰：「中冓之言，謂頑與夫人淫昏之語。」呂祖謙引以上諸說後，自云：

中冓，當從應劭、顏師古說，蓋閨內隱奧之處也；「中冓之言」，若曰「閨門之言」也。（卷五，頁 1499）

《詩序》曰：「公子頑通乎君母，國人疾之，而不可道也。」鄭氏所云係附會《詩序》而言，故呂祖謙之說較恰當。屈萬里先生《詩經釋義》採胡承珙說，云：「中冓，謂室中也。」（頁 35）與呂祖謙之說相近。

5、《大雅・崧高》第五章：「錫爾介圭」鄭《箋》曰：「圭長尺二寸謂之介，非諸侯之圭，故以為寶，諸侯之瑞圭自九寸以下。」（《毛詩鄭箋》卷十八，頁14）

呂祖謙釋「介圭」曰：

> 介圭在周官雖天子所服，〈韓奕〉曰：「以其介圭，入覲于王。」則當是諸侯之瑞圭，蓋介之為言大也，詩人特美大其圭而稱之，非《周官》之介圭也。（卷二十七，頁1837）

鄭氏以為非諸侯之圭，因其尺寸不合規定，呂祖謙引〈韓奕〉篇，並說明之，認為「當是諸侯之瑞圭」。屈萬里先生採馬瑞辰之說：「介圭，大圭也。諸侯之圭，亦得稱介圭。」（《詩經釋義》頁250）

6、《大雅・抑》第十一章：「亦聿既耄」毛《傳》解「耄」字曰「老也」（《毛詩鄭箋》卷十八，頁6）。呂祖謙釋之曰：

> 「既耄」，非謂其老也，猶今人責未更事者曰：「既老大矣！」甚言之也。（卷二十七，頁1827）

「誨爾諄諄，聽我藐藐。匪用為教，覆用為虐。借曰未知，亦聿既耄。」不以我懇切勸告的話當教條，反輕視之以為戲謔，若說你年幼無知，你也老大不小了。以上是用呂祖謙之解，若用毛氏之解則末句為「你也已經老了」，兩者相較，似乎呂說較當。

7、《邶風・新臺》第二、三章：「籧篨不殄」、「得此戚施」，呂祖謙釋之曰：

> 「籧篨」、「戚施」，蓋國人惡宣公而以惡疾指之。不能俯者，籧篨之疾證；不能仰者，戚施之疾證，非於此取義也。（卷四，頁1497）

《詩序》曰：「新臺，刺衛宣公也。納伋之妻，作新臺于河上而要之，國人惡之，而作是詩也。」故呂祖謙云國人以「籧篨」、「戚施」之醜疾指宣公，是厭惡他，而非以此疾取義。〔註3〕

8、《小雅・桑扈》第四章：「兕觥其觩」，呂祖謙曰：

> 「兕觥」如〈卷耳〉罍、觥並陳，則不必指為罰爵，如此詩則指為罰爵也。（卷二十三，頁1733）

〔註3〕孔穎達《疏》：「此詩蓋伋妻自齊始來未至，衛公聞其美，恐不從己，故使於河上為新臺，待其至於河而因臺以要之耳。」（《十三經注疏，詩疏》二之三，頁14）朱熹《詩集傳》採毛《序》並云：「國人惡之，而作此詩以刺之。言齊女本求與伋為燕婉之好，而反得宣公醜惡之人也。」（卷二，頁26）

毛《傳》曰：「兕觥，角爵也」（《毛詩鄭箋》卷一，頁 5）鄭《箋》云：「兕觥，罰爵也。」（同上書，卷十四，頁 6）呂祖謙認爲〈卷耳〉篇之金罍、兕觥並陳，則不必指爲罰爵，而此篇則爲罰爵，蓋依鄭《箋》也。〔註4〕

9、《小雅・節南山》第三章「不宜空我師」呂祖謙釋「空我師」三字曰：

　　「空我師」如空其國、空其地之類，蓋曰：人之類將滅矣，甚言之也。（卷二十，頁 1673）

毛《傳》：「空，窮也。」呂祖謙將國家、土地、人民並列，言人類將滅絕矣，語氣沈重。

10、《小雅・四月》第二、三章：「秋日淒淒」、「冬日烈烈」，呂祖謙釋之曰：

　　「秋日」、「冬日」，猶秋時，冬時也。（卷二十一，頁 1711）

　　毛《傳》、鄭《箋》及諸家均未解，呂氏以「秋時」、「冬時」釋之。

第二節　釋詩句

呂祖謙云：「讀《詩》不要思量過當，須識得當時意。」（《東萊呂太史外集》卷五，〈拾遺（一）〉頁 22）《詩》是前人情感的自然發抒，今人讀之，重在領略「當時意」，勿鑽牛角尖。又曰：「〈關雎〉、〈女曰雞鳴〉，大小雖不同，其意則一。」（同上，頁 25）由於呂氏對《詩》體會深，故釋詩句時有許多獨到之處，例如：

（一）〈大雅・行葦〉第七章：「酌以大斗，以祈黃耇。」呂祖謙引朱氏曰：

　　「祈黃耇」，頌禱之辭，按古器物款識多此語；如云用蘄萬壽、用蘄眉壽、永命多福……皆此類也。

又引王氏曰：

　　「以祈黃耇」，則《序》所謂養老乞言也。

呂祖謙曰：

　　酌大斗而祈黃耇，飲之也，頌禱與乞言皆在其中矣，不必專指一端也。（卷二十六，頁 1803）

〔註 4〕朱氏曰：「《周禮》有觥罰之事。又云：觥其不敬者，但謂以觥罰之耳，非必觥專爲罰爵也。」（《呂氏家塾讀詩記》卷二，頁 1460）屈萬里先生《詩經釋義》曰：「兕觥，匜類之稍小而深者，或有足，或無足，而皆有蓋，蓋皆作牛首形。」（頁 4）

其批評朱氏、王氏釋此句皆「專指一端」，故以己見釋之。

（二）《大雅・皇矣》第七章：「不大聲以色，不長夏以革。」毛《傳》曰：

> 不大聲見於色。革，更也。不以長大有所更。

鄭《箋》云：

> 夏，諸夏也，天之言云，我歸人君有光明之德，而不虛廣言語以外作容貌，不長諸夏以變更王法者。（《毛詩鄭箋》卷十六，頁 13）

呂祖謙引朱氏曰：

> 「不長夏以革」未詳其義。（卷二十五，頁 1787）

呂祖謙曰：

> 「不長夏以革」雖難強通，然與「不大聲以色」立文既同，訓詁亦當相類。「聲以色」謂聲音與笑貌也，「夏以革」謂侈大與變革也。「不大聲以色」則不事外飾矣；「不長夏以革」則不縱私意矣。無外飾無私意，此明德之實也。（卷二十五，頁 1787）

朱氏云「未詳其意」，呂祖謙則從上下二句之「立文既同，訓詁亦當相類」而釋之，並參考鄭《箋》之說，以更簡明之方式道出。

（三）《小雅・角弓》第七章：「莫肯下遺，式居婁驕。」鄭《箋》云：

> 莫，無也。遺，讀曰隨。式，用也。婁，斂也。今王不以善政啟小人之心，則無肯謙虛以禮相卑下，先人而後己，用此自居處斂其驕慢之過者。（《毛詩鄭箋》卷十五，頁 4）

呂祖謙釋之曰：

> 王之不肯降心下與族人者，以其居於驕慢而不可移也。（卷二十三，頁 1749）

《序》云王「不親九族而好讒佞。」其不肯謙虛降心以隨族人之意，是因經常居於驕慢而不改。此句屈萬里先生參考鄭《箋》與荀子〈非相篇〉謂「言不肯謙下隨人也」，「式居婁驕，言屢驕也」（《詩經釋義》頁 195），與呂祖謙之解相近。

（四）《大雅・蕩》第三章：「彊禦多懟，流言以對」，鄭《箋》云：

> 女執事之臣宜用善人，反任彊禦眾懟為惡者，皆流言謗毀賢者，王若問之，則又以對。（《毛詩鄭箋》卷十八，頁 1）

呂祖謙曰：

> 無道之君，雄猜忌克，不責己而怨人，故曰：「彊禦多懟」，其聞規

諫，謾爲浮語以應之，而心不在焉，故曰：「流言以對」。（卷二十七，
　　頁 1821）

鄭《箋》之解，係從人君好任用強橫多怨之臣的方向解去，而呂祖謙則直指
君王「雄猜忌克，不責己而怨人……，其聞規諫，謾爲浮語以應之。」二者
所解之方向不同；一指臣，一指君。諸家解大多秉鄭《箋》，〔註 5〕獨呂祖謙
直指君王以釋之。又，此篇《詩序》云：「召穆公傷周室大壞也。厲王無道，
天下蕩蕩，無綱紀文章，故作是詩也。」《呂氏家塾讀詩記》則僅錄首句，以
下皆廢去，〔註 6〕此與其尊信《詩序》、毛、鄭之作風大相逕庭。

　　（五）《大雅・公劉》第四章：「食之飲之，君之宗之。」毛《傳》曰：「為
　　　　之君為之大宗也。」（《毛詩鄭箋》卷十七，頁 10），呂祖謙釋之曰：

　　　「食之飲之，君之宗之」謂既饗燕而定經制，使上下相維也。公劉
　　　之爲君久矣，於此始曰「君之」者，言公劉之整屬其民，上則皆統
　　　於君，下則各統於宗，其相維蓋如此也。古者建國立宗，其事相須，
　　　春秋之末，晉執蠻子以畀楚，楚司馬致邑立宗焉，以誘其遺民而盡
　　　俘以歸，當典刑廢壞垂盡之時，暫爲詐謨之計，猶必立宗焉，前乎
　　　此者可知矣。（卷二十六，頁 1810）

君臣宴飲以慶祝遷地的成功，表明對公劉的擁戴。公劉爲群臣之君宗，對異
姓之臣而言稱「君」；對同姓之臣而言稱「宗」。古代「建國立宗，其事相須」，
舉春秋末期典章制度廢壞時，猶須立宗，故知在此之前更爲慎重也。

　　（六）《大雅・公劉》第六章：「止旅乃密，芮鞫之即。」呂祖謙釋之曰：

　　　「止旅迺密，芮鞫之即」風氣日開，民編日眾，規摹日廣，有方興
　　　未艾之象焉，周之王業既兆于此矣。（卷二十六，頁 1811）

就字面的意思來說，是謂居住之人繁密，水灣內外都住滿人。然而呂祖謙郤
看到了更深的一層，亦即所以如此之原因，係風氣日開、規模日廣，以致人

〔註 5〕輔廣曰：暴虐之人，自以人多怨己，而恐禍之及也，故詭謀譎計，採取浮浪
　　　　不根之言以應對於上，而惑亂其聰明，以自揜其惡。上之人用是而反親信
　　　　之，……人君好用暴斂多怨之人。（《詩童子問》卷七，頁 1，收入《四庫全書》
　　　　第七十四冊，頁 395）屈萬里先生說：「言用善人則強橫之臣怨懟也……。言
　　　　以謠言答其君也。」（《詩經釋義》頁 238）

〔註 6〕呂祖謙引歐陽氏曰：「穆公見厲王無道，知其必亡，而自傷周室爾，所以言不
　　　　及厲王，而遠思文王殷商也。」又引蘇氏曰：「〈蕩〉之所以爲〈蕩〉，由詩有
　　　　『蕩蕩上帝』也。《詩序》以爲天下蕩蕩，無綱紀文章，則非詩之意矣。」（卷
　　　　二十七，頁 1820）

口越來越密,「方興未艾之象」,顯示周之王朝正奠基於此。

（七）《王風・君子于役》第二章:「君子于役,苟無飢渴!」呂祖謙曰:

> 人之思親,亦有兩端,後世見其親之行役不歸,則歸咎於君上。此
> 詩當時雖行役之久,不敢歸咎於君,但言今既不得便歸,苟在彼得
> 無飢渴之患足矣,此詩人忠厚之情。（〈詩說拾遺〉收入《叢書集成
> 新編》第七十四冊《呂東萊先生文集》,頁 475）

憂之深、思之切,又不知其何時可以返家,僅能退一步言:「今既不得便歸,
苟在彼得無飢渴之患足矣!」呂祖謙認為於此可見詩人之忠厚,「不敢歸咎於
君」。此語誠發前人之所未發也。

第七章　呂氏對前人詩說之批評

第一節　評毛《傳》、鄭《箋》

《呂氏家塾讀詩記》之撰述體例有云：「諸家或未備，頗以己說足之。」
（頁1453）其解《詩》雖尊毛《傳》、鄭《箋》，然毛、鄭之解若有不周詳處，
呂祖謙亦加以批評。

一、評毛、鄭之失

（一）《大雅·公劉》首章：

> 篤公劉，匪居匪康，迺場迺疆，迺積迺倉。迺裹餱糧，于橐于囊，
> 思輯用光。弓矢斯張，干戈戚揚，爰方啟行。

毛《傳》曰：

> 公劉居於邰，而遭夏人亂，迫逐公劉，公劉乃辟中國之難，遂平西
> 戎，而遷其民邑於豳焉。（《毛詩鄭箋》卷十七，頁9）

鄭《箋》云：

> 厚乎公劉之為君也，不以所居為居，不以所安為安，邰國乃有疆場
> 也，乃有積委及倉也。安安而能遷，積而能散，為夏人迫逐己之故，
> 不忍鬭其民，乃裹糧食於橐囊之中，棄其餘而去，思在和其民人，
> 用光大其道，為今子孫之基。（同上）

呂祖謙對毛、鄭之說不以為然，曰：

> 毛、鄭以公劉居於邰，而遭夏人亂，辟難遷於豳，且以為在邰有疆

場積倉爲夏人迫逐，乃棄而去。攷之是章，意象整暇，不見迫逐之事。以《國語》、《史記》參之，蓋自不窟已竄于西戎，至公劉而復興，疆場積倉，內治既備，然後裹糧治兵，拓大境土而遷都于豳焉。

國都雖遷，向之疆場積倉，固在其封內也。（卷二十六，頁 1808）

呂氏觀此章「意象整暇」，並無毛、鄭所云爲夏人迫逐之事，且以史書考之，不窟失官時已奔西戎，至公劉復興而遷國都於豳，《詩》中所云疆場積倉，皆在其封地之內，非自邰遷也。事實上豳離有邰甚遠，原來之疆場積倉，不太可能在其封內。

（二）《豳風·鴟鴞》，呂祖謙曰：

鸋鴂，鴟鴞之別名。郭景純、陸農師所解皆得之《方言》，云自關而東謂桑飛曰寧鴂，此乃陸璣《疏》所謂「巧婦」，似黃雀而小，其名偶與鴟鴞之別名同，與《爾雅》之所載實兩物也，毛、鄭誤指以解詩。（卷十六，頁 1605）

陸璣《毛詩草木鳥獸蟲魚疏》云：「鴟鴞似黃雀而小，……幽州人謂之鸋鴂，或曰巧婦，或曰女匠，關東謂之工雀或謂之過蠃，關西謂之桑飛。」（收入《四庫全書》第七十冊，頁 14）。《爾雅·釋鳥》云：「鴟鴞，鸋鴂，鴟類。狂茅鴟、怪鴟、梟鴟。」「收入《叢書集成新編》第三十七冊，頁 592）二者所云，一爲小雀；一爲鴟類，絕非一物，由於小雀之名與鴟鴞別名相同，以致誤解。〔註 1〕

（三）《豳風·九罭》第二、三章：

鴻飛遵渚，公歸無所。於女信處！

鴻飛遵陸，公歸不復，於女信宿。

毛《傳》曰：

再宿，猶處也。

〔註 1〕《方言》卷八，頁 76 載：「桑飛，自關而東謂之工爵，或謂之過蠃，或謂之女鳴今亦名之巧婦，江東呼爲布母。自關而東謂之鸋鴂，按《爾雅》云：『鸋鴂，鴟鴞，鴟屬，非此小雀明矣。』自關而西謂之桑飛，或謂之懷爵。」（收入《叢書集成新編》第三十八冊，頁 578）。《毛詩陸疏廣要》卷下之上，頁 21 載：「毛《傳》云：『鴟鴞，鸋鴂。』先儒皆以爲今之巧婦，郭註此云：『鴟類』，又註《方言》云：『鸋鴂，鴟鴞，鴟屬，非此小雀明矣。』是與先儒意異也。……以《詩》與《爾雅》考之，宜如璞義，蓋《爾雅》言鴟鴞，鸋鴂，繼云狂茅鴟、怪鴟、梟鴟，則鴟鴞宜亦鴟類」。（收入《四庫全書》第七十冊，頁 104）。

鄭《箋》曰：

> 鴻，大鳥也，不宜與鳬鷖之屬飛而循渚，以喻周公今與凡人處東都
> 之邑，失其所也。時東都之人欲周公留不去，故曉之云：「公西歸而
> 無所居，則可就女誠處是東都也。」今公當歸復其位，不得留也。(《毛
> 詩鄭箋》卷八，頁8)

呂祖謙曰：

> 說詩者徒見「信宿」兩字偶相屬，遂以爲過宿曰信之信。故其釋二
> 章三章，或以爲西人語東人，或以爲東人自相語，而不見國人深望
> 乎上誠懇切至之意，求一字之通而失一篇之旨，學者苟能玩味程氏
> 之說，則詩人之心可見矣。〔註2〕(卷十六，頁1612)

毛氏以爲「再宿曰信」，鄭氏以爲「西人語東人曰：『周公今與凡人處東都之
邑，失其所也。』東人自相語曰：『公西歸而無所居，則可就女誠處是東都也。』」
故不見國人企盼朝廷以上公禮服往迎周公之心。

二、糾毛氏之非

(一)《周頌・維天之命》：「駿惠我文王，曾孫篤之。」毛《傳》曰：「成
王能厚行之也。」(《毛詩鄭箋》卷十九，頁2)。呂祖謙曰：

> 說詩者非惟有鑿說之害，亦有衍說之害。如此詩「曾孫篤之」，毛氏
> 謂「能厚行之」，於文義未有害也，詩人之意本勉後人篤厚之而不忘，
> 所謂「行」者，固亦在其中矣，但曰「曾孫篤之」，則意味深長，衍
> 一「行」字，意味即短。至王氏遂云「篤力行而有所至」說益詳而
> 無復餘味矣！凡諸說皆當以此例之。(卷二十八，頁1855)

呂祖謙認爲「曾孫篤之」，原句有不盡之餘味，毛氏衍一「行」字「意味即短」。
解《詩》需重含蓄，解釋愈詳，而餘味盡去矣！此爲毛氏的「衍說之害」。至
於「鑿說之害」則指王安石。

(二)《周南・卷耳》首章：「寘彼周行。」

毛《傳》曰：

> 行，列也。思君子、官賢人，置周之列位。(《毛詩鄭箋》卷一，頁5)。

〔註2〕程氏曰：言公之不得其所也；鴻飛戾天者也，今乃遵渚言不得其所，公既征
而歸，則未得其所，蓋朝廷未以師保重禮往逆也，使公不得其所，於女信安
處矣，則深責在朝廷之人也。(卷十六，頁1611)

呂祖謙曰：

> 毛氏以「周行」爲「周之列位」，自左氏以來，其傳舊矣，然以經解
> 經，則不若呂氏之說也。（卷二，頁 1460）

呂祖謙引呂氏之說曰：「周行，周道也。〈大東〉詩曰：『佻佻公子，行彼周
行。』行亦道也。」（卷二，頁 1460）毛《傳》之解，確實不如呂氏之說恰
當。屈萬里先生《詩經釋義》云：「周行，蓋周之國道；引申其義，猶言大
道也。」（頁 4）。

三、糾鄭氏之誤

（一）《王風・采葛》第一章：「彼采葛兮，一日不見，如三月兮。」毛
《傳》曰：

> 興也。葛，所以爲絺綌也，事雖小，一日不見於君，憂懼於讒矣。（《毛
> 詩鄭箋》卷四，頁 5）

鄭《箋》云：

> 興者，以采葛喻臣以小事使出。（同上）

第二章：「彼采蕭兮，一日不見，如三秋兮。」毛《傳》曰：「蕭，所以共祭
祀。」（同上），鄭《箋》云：

> 彼采蕭者，喻臣以大事使出。（同上）

第三章：「彼采艾兮，一日不見，如三歲兮。」毛《傳》曰：「艾，所以療疾。」
（同上），鄭《箋》云：

> 彼采艾者，喻臣以急事使出。（同上）

呂祖謙曰：

> 毛氏所謂「事雖小」，蓋通三章言之。葛之爲絺綌，蕭之共祭祀，艾
> 之療疾，特訓釋三物見采之由，不於此取義也。鄭氏所箋，失傳意
> 矣。（卷七，頁 1525）

毛《傳》所釋係采三物之由，而鄭《箋》則以小事、大事、急事之「使出」
解之，故呂祖謙批評鄭氏未據毛《傳》之原意訓釋。

（二）《小雅・甫田》第四章：

> 曾孫之稼，如茨如梁；曾孫之庾，如坻如京。乃求千斯倉，乃求萬
> 斯箱，黍稷稻粱，農夫之慶。

鄭《箋》曰：

稼，禾也，謂有藁者也。茨，屋蓋也。上古之稅法，近者納穰，遠
者納粟米……成王見禾穀之稅，委積之多，於是求千倉以處之，萬
車以載之，是言年豐，收入踰前也。（《毛傳鄭箋》卷十四，頁2）

呂祖謙曰：

溥天之下，莫非王土，王土所生，莫非曾孫之稼也。鄭氏以「稅」
言之，陋矣。執訊獲醜，戰士之慶也；黍稷稻粱，農夫之慶也，蓋
農夫視黍稷稻粱之豐，以爲天下之美盡在此矣，不知其他也。（卷二
十二，頁1727）

普天之下皆曾孫之稼，農夫收穫之豐，即曾孫之豐收。鄭氏以成王稅收豐富
解之，呂祖謙認爲不妥。

（三）《小雅・六月》第四章：「織文鳥章，白斾央央。」鄭《箋》云：「織，
徽織也。鳥章，鳥隼之文章，將帥以下衣皆著焉。」《毛詩鄭箋》
卷十，頁6）呂祖謙曰：

日月爲常，交龍爲旂之類，皆幟之文也，「鳥章」特其一爾，《詩》
之所指，乃所建之旗，鄭氏所箋，乃所服之號。（卷十九，頁1649）

呂祖謙引孔氏曰：「徽織者，自王以下，其制如所建旌旗而畫之，其象但小
耳。」（頁1648）「鳥章」係織文之一種，《詩》中指所建旌旗，鄭氏誤爲所
服之號。

（四）《大雅・崧高》第一章：「維申及甫，維周之翰。」鄭《箋》云：
申，申伯也。甫，甫侯也。皆以賢知，入爲周之楨幹之臣，四國有
難，則往扞禦之，爲之蕃屏，四方恩澤不至，則往宣暢之。甫侯相
穆王，訓夏贖刑，美此俱出四嶽，故連言之。（《毛詩鄭箋》卷十六，
頁12）

呂祖謙曰：

甫、申，意者皆宣王時賢諸侯，同有功於王室者，甫雖不見於經，
以文意考之，蓋當如此。鄭氏乃遠取訓夏贖刑之甫侯，殆非也。（卷
二十七，頁1836）

呂氏云詩中之甫侯，爲宣王時有功於王室之賢諸侯，非「訓夏贖刑」之甫侯，
故指出鄭氏之誤。

（五）《小雅・楚茨》第三章：「爲俎孔碩，或燔或炙。」鄭《箋》曰：
燔，燔肉也。炙，肝炙也，皆從獻之俎也，其爲之於爨，必取肉也，

肝也，肥碩美者。(《毛詩鄭箋》卷十三，頁 10)

呂祖謙曰：

「爲俎孔碩」，謂薦孰也，「或燔或炙」謂從獻也。鄭氏以爲一事，誤矣。燔肉與肝炙，豈得謂之孔碩乎？味坊記之言，則三代之祭祀，洋洋乎其可識矣。(卷二十二，頁 1720)

俎，是盛牲之器。「爲俎孔碩」，是指俎中之牲體甚大。「或燔或炙」，指助祭者有的燒肉，有的烤而獻之。〔註 3〕鄭氏誤解《詩》中祭祀之禮節，以爲二者係一事。

(六)《邶風·簡兮》首章:「簡兮簡兮，方將萬舞。」鄭《箋》曰:「萬舞，干舞也。」(《毛詩鄭箋》卷二，頁 12)**呂祖謙曰：**

「萬舞」，二舞之總名也，干舞者，武舞之別名也。籥舞者，文舞之別名也，文舞又謂之羽舞。鄭康成據《公羊傳》以萬舞爲干舞，蓋《公羊》釋經之誤也。《春秋》書萬入去籥，言文武二舞俱入，以仲遂之喪於二舞之中去其有聲者，故去籥焉。〔註 4〕《公羊》乃以萬舞爲武舞，與籥舞對言之，失經意矣。若萬舞止爲武舞，則此詩與《商頌》何爲獨言萬舞而不及文舞耶？《左氏》載考仲子之宫將萬焉，婦人之廟亦不應獨用武舞也，然則「萬舞」爲二舞之總名明矣。(卷四，頁 1491)

「萬舞」爲文、武二舞之總名；文舞用羽籥，故又稱羽舞或籥舞；武舞用干戚，故又名干舞。呂祖謙指鄭《箋》與《公羊傳》皆誤釋「萬舞」爲「干舞」，並引史書記載以證之。

(七)《陳風·株林》首章:「匪適株林，從夏南。」鄭《箋》曰:「言我非之株林，從夏南之母為淫泆(佚)之行，自之他耳，觝拒之辭。」(《毛詩鄭箋》卷七，頁 4)**呂祖謙曰：**

首章鄭氏文義皆善，但不當以爲靈公觝拒之辭，彼相戲於朝猶不知恥，亦何觝拒之有？蓋國人問靈公胡爲乎株林而從夏南乎，詩人則爲之隱曰:「靈公非適株林從夏南，乃他有所往爾。」然而駕我乘馬則舍于株野矣，乘我乘駒則又食于株矣。雖欲爲之隱，亦不可得也。(卷十三，頁 1587)

〔註 3〕燔，燒肉也。炙，以物貫肉舉於火上烤之。

〔註 4〕呂祖謙註云:「文舞，舞羽吹籥。」

據《左傳》載；陳靈公與孔寧、儀行父通於夏姬，皆懷夏姬衵服〔註5〕相戲於朝，大夫洩冶因諫被殺。以此觀之，渠等並不以己行為恥，故呂祖謙認為鄭《箋》不應以為係「靈公詆拒之辭」。

（八）《大雅‧行葦》第五章：「敦弓既堅，四鍭既鈞；舍矢既均，序賓以賢。」鄭《箋》云：「周之先王將養老，先與群臣行射禮，以擇其可與者以為賓。」（《毛詩鄭箋》卷十七，頁5），呂祖謙曰：

此兩章鄭玄以為將養老，大射擇士，王肅以為燕射，以《詩》之所敘考之《儀禮》，王肅之說是也。〔註6〕（卷二十六，頁1802）

《大雅‧行葦》篇係成周燕宗族兄弟之詩，非大射擇士時作。呂祖謙以《儀禮》考證，認為「燕射」才正確，鄭玄的解釋錯誤。

（九）《小雅‧賓之初筵》第一章：「大侯既抗，弓矢斯張。」鄭《箋》云：「舉者，舉鵠而棲之於侯也，《周禮》梓人張皮侯而棲鵠，天子諸侯之射，皆張三侯，故君侯謂之大侯，大侯張而弓矢亦張，節也。將祭而射，謂之大射。」（《毛詩鄭箋》卷十四，頁10）呂祖謙曰：

按〈大射儀〉雖前期三日張大侯，然不繫左下綱，與鄉射同。雖不言將射，命張侯，遂繫左下綱，亦可互見也。鄭氏偶忘互相備之例，遂以為舉鵠而棲之於侯，殊不知舉二尺之鵠，安得謂之「大侯既抗」乎？（卷二十三，頁1739）

呂祖謙引孔氏曰：

按大射前期三日，司馬命量人巾車張三侯，射人云，若王大射則以貍步張三侯，則天子亦前射三日，其侯射人張之矣。此舉酬之下始言「大侯既抗」者，鄉射之初，雖言張侯，而以事未至，經云不繫左下綱，中掩束之，至於將射，以司正為司馬，乃云司馬命張侯，弟子脫束，遂繫左下綱，是將射始張之。（頁1739上）

從引文以觀，大侯於射前三日張之，因事未至，故不繫左下綱，僅從中束之，

〔註5〕衵服：指婦人貼身內衣。

〔註6〕呂祖謙註云：「孔穎達難王肅燕射之說，謂燕射旅酬之後乃為之，不當設文於曾孫為主之上，豈先為燕射而後酌酒哉，遂從鄭氏以為大射。抑不知此篇乃成周燕宗族兄弟之詩，非大射擇士時也。按《儀禮》燕射如鄉射之禮，射雖畢而飲未終，舉觶無筭爵獻酬尚多，言酌大斗、祈黃耇於既射之後，亦豈不可乎！」（卷二十六，頁1802）

將射始脫束繫左下綱，與鄉射同，故可互見之，呂祖謙云「鄭氏偶忘互相備之例，」以致誤釋爲「舉鵠而棲之於侯」，呂氏認爲舉二尺之鵠，不能稱爲「大侯既抗」。

（十）《小雅・漸漸之石》首章：「山川悠遠，維其勞矣。」鄭《箋》云：「其道里長遠，邦域又勞勞廣闊，言不可卒服。」（《毛詩鄭箋》卷十五，頁12），呂祖謙曰：

解經不必改字，鄭氏以「勞」爲「遼」，非也。然孔氏之説，讀《詩》者所當知。〔註7〕（卷二十四，頁1761）

鄭氏以「勞」爲「遼」之假借字，當作「勞勞廣闊」解，將詩意扭曲了。呂祖謙採王肅之説，以爲「勞」作「勞苦」解較恰當。

（十一）《小雅・鴛鴦》第二章：「鴛鴦在梁」，鄭《箋》云：「梁，石絕水之梁。」（《毛詩鄭箋》卷十四，頁6），呂祖謙曰：

此詩獨以鴛鴦爲興者，詩人偶見人之掩捕，適有所感耳。梁，橋梁、魚梁皆是，不必專以爲石絕水之梁也。（卷二十三，頁1734）

呂氏認爲解《詩》不必太拘泥於義例訓詁，應以平易之心觀之，梁，可解爲橋梁、魚梁，不須局限於「石絕水之梁」也。如以當時情境觀之，似以魚梁較恰當。

（十二）《檜風・素冠》篇：「庶見素冠兮」、「庶見素衣」、「庶見素韠兮」，鄭《箋》云：

喪禮，既祥祭而縞冠素紕，時人皆解緩，無三年之恩於其父母，而廢其喪禮，故覬幸一見素冠。……除成喪者，其祭也朝服縞冠，朝服，緇衣素裳，然則此言素衣者，謂素裳也。……祥祭朝服素韠者，韠從裳色。（《毛詩鄭箋》卷七，頁6）

呂祖謙曰：

鄭康成，王肅皆以「素冠」爲大祥之冠，蓋引〈喪服小記〉「除成喪者，其祭也朝服縞冠」之文，其説誤矣。唯其不能三年，是以嗟傷不見既練之冠，若除喪之縞冠，雖使短喪，其除之也蓋亦服是冠矣。

〔註7〕呂祖謙引孔氏曰：「鄭氏《箋》以勞爲勞勞廣闊字，當從遼遠之遼，而作勞字者，以古之字少，多相假借，《詩》又是口之詠歌，不專以竹帛相授，音既相近，故遂用之，此字義自得通，故不言當作遼也。」（卷二十四，頁1761）
孔氏曰：「王肅云：言遠征戎狄，戎役不息，乃更漸漸之高石，長遠之山川，維其勞苦也。（同上）

　　至於二章之「素衣」，鄭說猶不通，「朝服，緇衣素裳」，初無素衣之
　　制，遂轉衣爲裳，其牽合益甚矣，三章之「素韠」，於既練之服雖無
　　所攷，觀詩者當亦得其大意，不必委曲瑣細拘於禮文，況爲鄭說者
　　既曰衣者衣裳之大名，則爲毛說者亦曰：「**韠從裳色**」，衣裳既素，
　　則必有素韠，豈不可乎！孔氏又謂經傳未有以布爲素者，殊不知經
　　傳以色白爲素，如「繪事後素」之類多矣，不必專以帛爲素也。（卷
　　十四，頁 1589～1590）

鄭玄雖擅長「禮學」，然有關禮節之名詞，偶亦有誤釋，其引〈喪服小記〉
語解「素冠」，呂祖謙評之曰：「其說誤矣」。〔註8〕解「素衣」，呂氏認爲鄭
說仍不通，「轉衣爲裳，其牽合益甚矣」。〔註9〕至於「素韠」，仍不以鄭說爲
然，〔註10〕並曰：「衣裳既素，則必有素韠，豈不可乎！」

第二節　評前人說法之誤

一、史書及前人之誤

（一）《大雅・旱麓》首章：

　　瞻彼旱麓，榛楛濟濟。豈弟君子，干祿豈弟。

呂祖謙曰：

　　〈緜〉之八章曰：「柞棫拔矣，行道兌矣。」〈皇矣〉之三章曰：「帝
　　省其山，柞棫斯拔，松柏斯兌。」皆以山林之茂，見王業之盛也。
　　故〈周語〉言此章之義曰：「夫旱麓之榛楛殖，故君子得以易樂干
　　祿焉。若夫山林匱竭，林麓散亡，藪澤肆既，民力彫盡，田疇荒蕪，
　　資用乏匱，君子將險哀之不暇，而何易樂之有焉。」然則所謂「榛
　　楛濟濟」者，蓋當時所見之實也，至於詩人發興，則〈周語〉不能
　　盡其義，當如程氏說。〔註11〕（卷二十五，頁 1778～1779）

〔註8〕呂祖謙採毛氏之說：「素冠，練冠也。」（卷十四，頁 1589）
〔註9〕毛氏曰：「素冠故素衣也。」（頁 1589）
〔註10〕「素韠」，呂祖謙採朱氏之解，曰：「韠，蔽膝也，以韋爲之。冕服謂之韍，
　　　　其餘曰韠。韠從裳色，素衣素裳則素韠也。」（頁 1589）
〔註11〕（1）〈周語〉引文載《國語》卷三〈周語・下〉，頁 121，〈單穆公諫景王鑄
　　　　大錢〉篇。（2）「程氏曰：瞻彼旱山之榛楛，草木得麓之氣，濟濟茂盛，興
　　　　此周家之豈弟君子，承其先祖豈弟之道，所以興盛受福也。」（卷二十五，

引〈緜〉、〈皇矣〉之文，云其皆「以山林之茂，見王業之盛」，而〈周語〉解卻不能盡詩人發興之義。蓋旱麓地肥美，榛楛長得眾多茂盛，程氏謂：「興此周家之豈弟君子，承其先祖豈弟之道，所以興盛受福也。」呂祖謙以爲當如程氏之說。

（二）《大雅‧抑》篇，呂祖謙曰：

《史記》載武公以宣王三十六年即位。《國語》亦稱武公年九十五作〈懿〉以自儆。韋昭謂〈懿〉即〈抑〉也，說者遂以爲此詩乃追刺厲王。今考其文如曰：「在于今，興迷亂于政。」曰：「匪手攜之，言示之事；匪面命之，言提其耳。」曰：「聽用我謀，庶無大悔。」夫豈追刺之語乎？《史記》、《國語》殆未可據，一以詩爲正可也。

（卷二十七，頁 1827）。

呂祖謙舉《大雅‧抑》篇「在于今，興迷亂于政。」、「匪手攜之，言示之事；匪面命之，言提其耳。」、「聽用我謀，庶無大悔。」句，認爲皆非刺厲王之語，故云《史記》、《國語》未可據。朱熹《詩集傳》謂，此篇是衛武公自警之辭，非刺厲王者。〔註 12〕屈萬里先生《詩經釋義》亦云：「詩中有『謹爾侯度』之語，則所謂自儆之詩，大致可信。」。〔註 13〕

（三）《豳風‧七月》第三章：「八月載績，載玄載黃，我朱孔陽，為公子裳。」呂祖謙曰：

「八月載績。載玄載黃，我朱孔陽，爲公子裳。」孔穎達謂績麻爲布，民自衣之，玄黃之色施於祭服，朱則爲公子之裳。非也。古者

頁 1778）

〔註 12〕朱熹《詩集傳》卷十八載：〈楚語〉左史倚相曰：「昔衛武公年數九十五矣，猶箴儆於國曰：『自卿以下，至于師長士，苟在朝者，無謂我老耄而舍我，必恭恪於朝夕以交戒我。在輿有旅賁之規，位寧有官師之典，倚几有誦訓之諫，居寢有瞽御之箴，臨事有瞽史之道，宴居有師工之誦，史不失書，矇不失誦，以訓御之。』於是作懿戒以自儆。及其沒也，謂之睿聖武公。」韋昭曰：「懿讀爲抑」，即此篇也。董氏曰：「侯包言武公行年九十有五，猶使人日誦是詩而不離於其側。」然則序說爲刺厲王者，誤矣。（卷十八，頁 207）

〔註 13〕屈萬里先生《詩經釋義》謂：《詩序》：「抑，衛武公刺厲王，亦以自警也」。歷來承用此說。按：衛武公立於宣王十六年，卒於平王十三年。厲王之世，武公未立：知序說非是。……懿、抑，古通用，懿戒即此〈抑〉詩也。《國語》無刺王之說，而詩中有「謹爾侯度」之語，則所謂自儆之詩，大致可信。否則，即戒某諸侯之詩也。（頁 240）

冕用麻，而服用絲，如玄冕豈不用玄乎！（卷十六，頁 1600）

孔穎達《疏》云：「績麻為布，民自衣之，玄黃之色施於祭服，朱則為公子之裳。」（《十三經注疏·詩疏》八之一，頁 14），呂祖謙指其誤也。蓋古時冕以麻質，衣則紡絲織布為之，故有「八月載績」。若誠如孔氏所云，則「玄冕豈不用玄乎！」

（四）《鄭風·溱洧》第一章：「士與女，方秉蕳兮」、「贈之以勺藥」，毛
　　　《傳》曰：「蕳，蘭也。勺藥，香草」（《毛詩鄭箋》卷四，頁 18）

陸璣《疏》曰：

其莖葉似藥草澤蘭，但廣而長節，節中赤，高四五尺，漢諸池苑及
許昌宮中皆種之，可著粉中，故天子賜諸侯茝蘭藏衣，著書中辟白
魚。（《毛詩草木鳥獸蟲魚疏》卷上，頁 1）

今藥草勺藥無香氣，非是也，未審今何草。（同上書，卷上，頁 6）

呂祖謙曰：

蕳，即今之蘭。勺藥，即今之勺藥。陸璣必指為他物，蓋泥毛公香
草之言，必欲求香於柯葉，置其花而不論爾。（卷八，頁 1542）

蕳，即蘭，[註14] 固無疑問，不知陸璣何以作彼解。至於勺藥，陸璣之「未
審今何草。」呂祖謙曰：「即今之勺藥。」此二「今」字，時代不同，未知
所指是否一物。「今」人屈萬里先生曰：「勺藥，香草名（非今之芍藥）。《釋
文》引《韓詩》云：『勺藥，離草也；言將離別贈此草也。』崔豹《古今注》，
謂芍藥一名可離。」[註15]（《詩經釋義》頁 68）

（五）《召南·野有死麕》第一章：「有女懷春，吉士誘之。」毛《傳》
　　　曰：「誘，道也。」鄭《箋》：「吉士使媒人道成之。」（《毛詩鄭箋》
　　　卷一，頁 17）呂祖謙曰：

歐陽氏誤以「誘」為挑誘之誘，遂謂彼女懷春，吉士誘而汙以非禮。
殊不知是詩方惡無禮，豈有為挑誘之汙行，而尚名之「吉士」者乎！
（卷三，頁 1475）

〈詩序〉云：「惡無禮也。」呂祖謙，因而謂：「貞女惡無禮而拒之。……毛、

〔註14〕明·毛晉《毛詩陸疏廣要》云：「蘭，香草也，而文闌艸為蘭。蘭、闌不祥，
　　　故古者為防刈之也。一名蕳，有蒲與蕳，蓋蘭以闌之，蕳以間之，其義一也。」
　　　（卷上之上，頁 37，收入《四庫全書》第七十冊，頁 42）
〔註15〕屈萬里先生《詩經釋義》云：「《毛詩稽古編》引董氏說，以為勺藥即江蘺（與
　　　將離同音）。故將別時以此為贈。舊說謂男贈女，理或然也。」（頁 68～69）

鄭以『誘』爲『道』，《儀禮‧射禮》亦先有誘射，皆謂以禮道之，古人有此
訓詁也。」（頁 1475）故知呂氏釋此篇係尊《序》，並依毛《傳》、鄭《箋》
解之。以今日而言，則大多釋「誘」爲挑誘之誘。

(六)《魏風‧十畝之間》第一章：「十畝之間兮，桑者閑閑兮！」，呂祖
謙曰：

> 橫渠指桑地爲場圃，合於古制。但又謂魏地侵削，外無井受之田，
> 徒有近郭園廛而已，則似不然。果如是，民將何所食乎？政使周制
> 果家賦園廛十畝，魏既削小，豈容尚守古法？容或數家共之也。況
> 《詩》所謂十畝者，特甚言之爾，未可以爲定數也。（卷十，頁 1557）

張載《詩說》已亡佚，未悉原文若何，據呂祖謙引張氏謂：「魏地侵削，外
無井受之田，徒有近郭園廛而已。」呂氏不以爲然，故曰：「果如是，民將
何所食乎？」並引孔氏曰：「魏雖地狹民稠，未必即然，舉十畝地以喻其陿
隘耳」。（頁 1557）

(七)《大雅‧江漢》首章：「江漢浮浮，武夫滔滔。匪安匪游，淮夷來
求。」此章呂祖謙曾引胡氏論江漢相合事，〔註16〕並曰：

> 胡氏辨江漢合流，既得之矣，但去淮夷絕遠，於經文頗不合。或者
> 會江漢諸侯之師以伐之歟？（卷二十七，頁 1845～1846）

呂祖謙謂胡氏辨江漢合流之說「既得之矣」，然距《詩》中所云尋淮夷以平
定之地遙遠，與經文不合。故疑其爲「會江漢諸侯之師以伐之」。

(八)《小雅‧楚茨》第五章：「禮儀既備，鐘鼓既戒。孝孫徂位，工祝
致告。」鄭《箋》云：「鐘鼓既戒，戒諸在廟中者以祭禮畢，孝孫
往位，堂下西面位也，祝於是致孝孫之意告尸以利成。」（《毛詩
鄭箋》卷十三，頁 11）呂祖謙曰：

> 孔氏論特牲少牢禮，祝致尸意，告主人以利成之說，既得之矣。其
> 下又云天子尊，節文備，祝先致尸意於主人，乃致主人意告尸，此
> 乃牽合以附鄭氏之說，初無據也。（卷二十二，頁 1721）

祀事既畢，孝孫往於位而立，祝於是致尸意於主人，告主人以利成，如此即

〔註16〕呂祖謙引胡氏曰：杜預云：「〈禹貢〉漢水至大別，南入江，在江夏界。」《疏》
謂：「大別，在廬江安豐縣。」按漢水入江，乃今漢陽軍之大別山，山之北漢
口是也。漢口亦曰沔口，亦曰夏口，江東即鄂州江夏郡也，至安豐一千五百
里，豈江漢相合古今不同哉！（頁 1845）

可。然孔穎達又云：「天子彌尊，備儀盡飾，蓋有節文準彼二禮，祝告主人，則此以祝先致尸意告主人，乃更致主人之意以告尸，故云告尸以利成也。」（《十三經注疏·詩疏》十三之二，頁 15）呂祖謙認為此段係孔穎達牽合以附會鄭《箋》。

(九)《小雅·鴻雁》第一章：「爰乃矜人，哀此鰥寡。」孔穎達《疏》曰：

> 侯伯卿士既安集萬民，又稱王命已曰不但安民而已，亦當及此可憐之人；貧窮者令賙餼焉，又哀此無妻之鰥夫、偏喪之寡婦，當收歛之，使有所依附也。（《十三經注疏·詩疏》十一之一，頁 2）

呂祖謙曰：

> 還定安集之政，必不遺窮民然後為至，故曰：「爰乃矜人，哀此鰥寡」爰乃者，不遺之辭也。孔氏謂既安集萬民，然後及之，則誤矣。
> 文王發政施仁，必先斯四者。（卷十九，頁 1658）

孔穎達謂安集萬民之後，始及於可憐之人。呂祖謙指其「誤矣」，「還定安集之政，必不遺窮民」，天子哀困窮為急務，定先安頓鰥寡孤獨四者也。

二、駁朱子之說

關於朱熹、呂祖謙二人詩說之歧異，前人研究《詩經》多有涉及，諸如吳春山先生的《呂祖謙研究》、賴炎元先生之〈呂祖謙的詩經學〉、〈朱熹「淫詩說」考辨〉，林惠勝先生的《朱、呂詩序說比較研究》、李家樹先生的《詩經的歷史公案》等，皆有論說，故以下僅就與「呂氏家塾讀詩記」相關部分概略敘說。

朱熹受鄭樵影響，主張廢去《詩序》而以己說解經，其曰：

> 《詩序》實不足信。向見鄭漁仲有《詩辨妄》力詆《詩序》，其間言語太甚，以為怕是村野妄人所作。始亦疑之，後來子（仔）細看一兩篇，因質之《史記》、《國語》，然後知《詩序》之果不足信。（《朱子語類》卷八十，頁 2076）

又曰：

> 〈詩小序〉全不可信，如何定知美刺那人？詩人亦有意思偶然而作者。又，其《序》與詩全不相合。詩詞理甚順，平易易看，不如《序》所云，如〈葛覃〉一篇，只是見葛而思歸寧，序得卻如此！（同上

書、卷，頁 2074）

朱熹否定《詩序》，將《詩序》說得一無是處，然於《詩集傳》中卻談美刺，解《詩》亦承襲或引申《詩序》之觀點。何定生先生曾統計朱子《詩集傳》中，用《詩序》之說，或逕用《序》意之詩；〈國風〉有八十九篇，〈小雅〉有二十三篇，〈大雅〉有十七篇，三〈頌〉有十四篇（《詩經今論》頁 223）。而李家樹先生則將《詩經·國風》之《詩序》，與朱熹《詩集傳》的異同作一統計，於〈國風〉一百六十篇中，二者相同者佔四十七篇，大同小異者六十一篇，大異小同者二篇，相異者四十五篇，未知異同者二篇，異同各半者三篇。從以上統計數字顯示，朱熹大體上仍依《詩序》解詩，因此他認為「朱熹還是一個從序派」（《詩經的歷史公案》頁 76～82）。若呂祖謙曾做此一分析統計之工作，或許不致批評朱熹「唯太不信〈小序〉一說，終思量未通也。」（《東萊呂太史別集》卷八，尺牘二，頁 14）。

事實上，朱熹最反對《詩序》之處，是有關「雅鄭邪正」的淫詩問題，其序《呂氏家塾讀詩記》曰：

> 此書所謂「朱氏」者，實熹少時淺陋之說，而伯恭父誤有取焉。其後歷時既久，自知其說有所未安，如「雅鄭邪正」之云者，或不免有所更定，則伯恭父反不能不置疑於其間，熹竊惑之。

「雅鄭邪正」即涉及所謂「鄭聲淫」問題，朱熹於《詩傳遺說》卷二曾云：

> 問：「《讀詩記》中所言雅鄭邪正之言何也？」曰：「鄭衛之音便是今邶鄘衛之詩，多道淫亂之事，故曰：『鄭聲淫』，聖人存之，欲以知其風俗，且以示戒，所謂詩邶可以觀者也，豈以其詩為善哉？伯恭謂《詩》皆賢者所作，直陳其事，所以示譏刺。熹嘗問伯恭，如伯恭是賢者，肯作此等詩否？且如今人有作詩譏刺人者，在一鄉為一鄉之擾，在一州為一州所惡，安得謂之好人？伯恭以為《詩》三百篇皆可被之絃歌，用之饗祀，今以鄭衛之詩奏之郊廟，豈不褻瀆？用以享幽、厲、褒姒乃可耳，施之賓客燕饗，亦待好賓客不得，須遇齊襄、陳靈之徒乃可歌此耳。」（收入《通志堂經解》第十七冊，頁 9984）

朱熹於《呂氏家塾讀詩記·序》中所說「雅鄭邪正」，係指鄭衛之音，他認為「鄭聲淫」，所以鄭《詩》多是淫佚之辭，不能用於郊廟祭祀及賓客燕饗。

呂祖謙於《鄘風·桑中》篇駁朱熹之說曰：

〈桑中〉、〈溱洧〉諸篇幾於勸矣，夫子取之何也？曰：詩之體不同，有直刺之者，〈新臺〉之類是也；有微諷之者，〈君子偕老〉之類是也；有鋪陳其事，不加一辭而意自見者，此類是也。或曰：後世狹邪之樂府，冒之以此詩之序，豈不可乎？曰：仲尼謂《詩》三百，一言以蔽之，曰：思無邪，詩人以無邪之思作之，學者亦以無邪之思觀之，閔惜懲創之意隱然自見於言外矣。或曰：〈樂記〉所謂桑間濮上之音，安知非即此篇乎？曰：《詩》，雅樂也，祭祀朝聘之所用也，桑間濮上之音，鄭、衛之樂也，世俗之所用也，雅鄭不同部，其來尚矣。戰國之際，魏文侯與子夏言古樂、新樂，齊宣王與孟子言古樂、今樂，蓋皆別而言之。雖今之世，太常、教坊各有司局，初不相亂，況上而春秋之世，寧有編鄭、衛樂曲於雅音中之理乎？〈桑中〉、〈溱洧〉諸篇作於周道之衰，其聲雖已降於煩促，而猶止於中聲，荀卿獨能知之；其辭雖近於諷一勸百，然猶止於禮義，〈大序〉獨能知之；仲尼錄之於經，所以謹世變之始也。借使仲尼之前，雅鄭果嘗龐雜，自衛反魯正樂之時，所當正者無大於此矣。唐明皇令胡部與鄭、衛之聲合奏，談俗樂者尚非之，曾謂仲尼反使雅鄭合奏乎？《論語》答顏子之問，迺孔子治天下之大綱也，於鄭聲丞欲放之，豈有刪詩示萬世，反收鄭聲以備六藝乎！（卷五，頁1502）

呂祖謙依據《詩序》之說，以詩體不同而有直刺、微諷、鋪陳其事等類，以為〈桑中〉篇僅是鋪陳事實而諷刺之，並非淫詩。且舉孔子所謂「《詩》三百，一言以蔽之，曰：思無邪。」之說，認為詩人既以無邪之思寫作，學者亦應以無邪之思讀之。並強調《詩》係雅樂，可用於祭祀、朝聘之場合；至於「桑間濮上之音」，係鄭衛之樂，世俗所應用者，二「樂」絕然不同。〔註17〕〈桑中〉、〈溱洧〉篇雖作於西周之末，荀卿與〈大序〉認為其聲「猶止於中聲」，其辭「猶止於禮義」，以此觀之，其非桑間濮上之音明矣。若於孔子之前，雅樂與世俗之樂曾滲雜，孔子正樂之後，應不復有此事發生。孔子

〔註17〕《前漢‧禮樂志二》曰：「桑間濮上，鄭衛宋趙之聲並出。」應劭〈注〉云：「桑間，衛地。濮上，濮水之上，皆好新聲。」顏師古〈注〉云：「鄭衛宋趙諸國，亦皆有淫聲。」（頁11，收入《百衲本二十四史》第二冊，〈史記〉下，頁1472）。《詩經》國風中並無〈宋風〉、〈趙風〉，故知鄭衛宋趙之聲，是與《詩經》無關之「新樂」。

曾說「放鄭聲」、「惡鄭聲之亂雅樂」〔註18〕故知不可能於刪《詩》時又將「鄭聲」收入《詩經》中。

　　朱熹對呂氏以上所言大不以爲然，在呂祖謙去世三年後曾作〈讀呂氏詩記桑中篇〉，就「詩體不同」，「思無邪」、「雅、鄭、衛」等駁之。其主要論說如次：

> 詩體不同，固有鋪陳其事，不加一詞而意自見者，然必其事之猶可言，若〈清人〉之詩是也；至於〈桑中〉、〈溱洧〉之篇，則雅人莊士有難言之者矣。（《朱文公文集》（二）卷七十〈雜著〉，收入《四部叢刊廣編》第五十三冊，頁 1274）

又於《詩序‧朱子辨說》（毛萇傳述，朱熹辨説）之〈桑中〉篇曰：

> 夫詩之爲刺，固有不加一辭而意自見者，〈清人〉、〈猗嗟〉之屬是已。然嘗竊戡之，則其賦之人，猶在所賦之外，而詞意之間，猶有賓主之分也，豈有將欲刺人之惡，乃反自爲彼人之言，以陷身於所刺之中而不自知也哉！其必不然也明矣。又況此等之人安於爲惡，其於此等之詩，計其平日，固已自其口出而無慚矣，又何待吾之鋪陳，而後始知其所爲之如此，亦豈畏吾之閔惜，而遂幡然遽有懲創之心邪，以是爲刺，不惟無益，殆恐不免於鼓之舞之，而反以勸其惡也。（頁 11，收入《叢書集成新編》第五十五冊，頁 347）

這兩段引文中，朱熹認爲就詩體而言，誠然有鋪陳事實，不加一詞而意自見之諷刺詩，但其前提必須如〈清人〉、〈猗嗟〉般，讓君子能說得出口，而非〈桑中〉、〈溱洧〉般令人難以啓齒。且作此種詩大多以置身事外之態度寫作，而不是諷刺自己。況被諷刺者習於爲惡，此種詩平日早已出自其口，不以爲羞，又豈待他人費盡周折諷刺之？故朱熹認爲如〈桑中〉篇此類，非諷刺詩，係淫奔者所自作。關於「思無邪」，朱熹於〈讀呂氏詩記桑中篇〉曰：

> 孔子之稱「思無邪」也，以爲《詩》三百篇勸善懲惡，雖其要歸無不出於正，然未有若此言之約而盡者耳，非以作詩之人所思皆無邪也，今必曰：彼以無邪之思鋪陳淫亂之事，而閔措懲創之意自見於

〔註18〕《論語‧衛靈公》篇，顏淵問爲邦。子曰：「行夏之時，乘殷之輅，服周之冕，樂則韶舞，放鄭聲，遠佞人；鄭聲淫，佞人殆。」
《論語‧陽貨》篇：子曰：「惡紫之奪朱也，惡鄭聲之亂雅樂也，惡利口之覆邦家者。」孔子以鄭之樂曲與〈韶〉、〈武〉並提；「鄭聲」與「雅樂」並舉，故知孔子所謂「鄭聲」，係指音樂而言，非《詩經》中之〈鄭風〉。

言外：則曷若曰：彼雖以有邪之思作之，而我以無邪之思讀之，則
彼之自狀其醜者，乃所以爲吾警懼懲創之資邪。而況曲爲訓說，而
求其無邪於彼，不若反而得之於我之易也；巧爲辨數，而歸其無邪
於彼，不若反而責之於我之切也。（收入《四部叢刊廣編》第五十
三冊，頁 1274）

朱熹以爲孔子所謂「思無邪」者，非以作詩之人皆無淫邪之心，而是讀詩之
人應以無邪之心讀之，勿受淫詩之影響。推原「思無邪」此語，係出自《魯
頌・駉》篇，孔子斷章取義，用以概括其對《詩經》一書之看法，認爲其內
容無邪。故知呂祖謙所云：「詩人以無邪之思作之，學者亦以無邪之思觀之。」
應無誤。至於「雅、鄭、衛」之樂，朱熹於〈讀呂氏詩記桑中篇〉曰：

若夫雅也、鄭也、衛也，求之諸篇，固各有其目矣，雅則〈大雅〉、
〈小雅〉若干篇是也，鄭則〈鄭風〉若干篇是也，衛則〈邶〉、〈鄘〉、
〈衛風〉若干篇是也，是則自衛反魯以來未之有改，而風雅之篇，
說者又有正、變之別焉。至於〈桑中〉小《序》：「政散民流而不可
止。」之文，與〈樂記〉合，則是詩之爲桑間，又不爲無所據，……
今必曰三百篇者皆祭祀朝聘之所用，則未知〈桑中〉、〈溱洧〉之屬，
當以薦何等之鬼神、接何等之賓客耶！（同前書，頁）

朱熹以爲雅是〈大雅〉、〈小雅〉，鄭爲〈鄭風〉，衛爲〈邶〉、〈鄘〉、〈衛風〉。
其間又有正雅、變雅，正風、變風之區別，而〈桑中〉篇係屬變風，其《序》
與〈樂記〉之說符合，〔註19〕故認爲〈桑中〉即桑間濮上之音，不能用以祭
祀或燕饗。

　　朱熹將「聲」與「詩」合而爲一；認爲鄭聲即鄭詩，「鄭聲淫」即「〈鄭
風〉淫」，故〈鄭風〉所載大多淫詩。自呂祖謙駁朱子之說後，尚有許多學
者或批評朱熹之「淫詩說」，或對「鄭聲」、「鄭詩」之相異有所解說，其中
較著者諸如元代馬端臨之〈文獻通考・經籍考〉，明代郝敬之《毛詩原解》、
清代姚際恒之《詩經通論》，陳啓源之《毛詩稽古編》、戴震之〈書鄭風後〉
等。〔註20〕

〔註19〕《禮記・樂記》：「鄭衛之音，亂世之音也，比於慢矣；桑間濮上之
音，亡國之音也，其政散，其民流，誣上行私而不可止也。」（《禮記疏》卷三十七，頁7）
〔註20〕1、馬端臨於《文獻通考・經籍考》卷五，頁137至144，洋洋數千言駁朱子
　　　　之說。
　　　　2、陳啓源《毛詩稽古編》卷四云：「若桑濮即〈桑中〉，則〈桑中〉乃衛詩之

一篇，言鄭衛而桑濮在其中矣，何煩並言之耶！〈樂記〉又言亂世之音怨以怒，而係之鄭衛，言亡國之音哀以思，而係之桑間濮上，則此二音之倫節與作此二音之世時迥不相同也，朱子引〈樂記〉以爲證，而全不辨其文義，豈後儒耳目竟可塗哉！」（頁6）

《毛詩稽古編》卷五云：「朱子〈辨說〉謂：孔子鄭聲一語，可斷盡〈鄭風〉二十一篇，此誤矣。夫孔子言鄭聲淫耳，曷嘗言鄭詩淫乎！聲者，樂音也，非詩辭也。淫者，過也，非專男女之欲也。古之言淫多矣，於星言淫，於雨言淫，……皆言過其常度耳。……鄭聲靡曼幻眇，無中正和平之致，使聞之者導欲增悲，沈溺而忘返，故曰淫也。」（頁14）。

3、郝敬《毛詩原解》云：「或曰：夫子刪詩既不錄淫詩，而曰鄭聲淫，何也？夫聲與詩異，鄭聲淫，非鄭詩盡淫也。……今據古序以繹志，鄭衛之詩其何者爲淫詩與？雖〈桑中〉、〈溱洧〉志在刺淫，而詩本非淫，豈得以辭而累志。」（〈讀詩〉篇，頁15）

4、姚際恒《詩經通論‧詩經論旨》載：「夫子曰『鄭聲淫』。聲者，音調之謂，詩者，篇章之謂，迥不相合，……且春秋諸大夫燕享，賦詩贈答，多《集傳》所目爲淫詩者，受者善之，不聞不樂，豈其甘居于淫佚也！季札觀樂，于鄭、衛皆曰『美哉』，無一淫字。……莫若證以夫子之言曰：『詩三百，一言以蔽之，曰「思無邪」』。如謂淫詩，則思之邪甚矣，曷爲以此一言蔽之耶？蓋其時間有淫風，詩人舉其事與其言以爲刺，此正『思無邪』之確證。何也？淫者，邪也；惡而刺之，思無邪矣。」（頁3～4）

5、戴震〈書鄭風後〉曰：「許叔重《五經異義》以鄭詩解《論語》『鄭聲淫』，而康成駁之曰：『《左傳》說煩手淫聲，謂之鄭聲，言煩手蹢躅之聲使淫過矣。』其注〈樂記〉『桑間、濮上之音』，引紂作靡靡之樂爲證，不引〈桑中〉之篇，明桑間濮上，其音之由來已久。凡所謂聲，所謂音，非言詩也。……鄭衛之音，非鄭詩衛詩；桑間濮上之音，非〈桑中〉詩，其義甚明。」（收入《戴震文集》卷第一，頁7）

第八章 呂祖謙說《詩》之疏失及其《詩經》學價值和影響

第一節 呂祖謙說《詩》之疏失

一、以正變分經傳，有所不當

呂祖謙於《呂氏家塾讀詩記》卷十七，將《小雅》、《大雅》分經、傳。其曰：

> 按《楚辭》，屈原〈離騷〉謂之經，自宋玉〈九辯〉以下皆謂之傳。
> 以此例考之，〈鹿鳴〉以下《小雅》之經也〈六月〉以下《小雅》之
> 傳也；〈文王〉以下《大雅》之經也，〈民勞〉以下《大雅》之傳也。
> 孔氏謂凡書非正經者謂之傳，善矣。又謂未知此傳在何書，則非也。
> （頁 1614）

呂祖謙以《詩》之正變分經傳；《小雅‧鹿鳴》以下至〈菁菁者莪〉計二十二篇爲正《小雅》，呂氏謂「《小雅》之經」，〈六月〉以下至〈何草不黃〉計五十八篇，爲變《小雅》，則謂「《小雅》之傳〔註1〕」；《大雅‧文王》以下至〈卷

〔註 1〕 呂祖謙引《鄭氏詩譜》曰：「《小雅》〈鹿鳴〉至於〈魚麗〉，皆文武時詩；自〈南有嘉魚〉下及〈菁菁者莪〉，周公成王之時詩。《大雅》自〈文王〉至〈文王有聲〉，皆文武時詩：〈生民〉下及〈卷阿〉，皆周公成王之時詩。《小雅》十六篇，《大雅》十八篇爲正經。」《釋文》曰：「從〈鹿鳴〉至〈菁菁者莪〉凡二十二篇，皆正《小雅》，六篇亡。」（頁 1614）

阿〉計十八篇，為正〈大雅〉，呂氏謂「《大雅》之經」，〈民勞〉以下至〈召旻〉計十三篇，為變《大雅》，則謂係「《大雅》之傳」。〔註2〕

一般經書無同一書中分經、傳，因傳是解經的，如《春秋左傳》、《公羊傳》、《穀梁傳》，皆不同作者，不同一書。《周易》之經、傳，雖編於一書，然非同一人所作。〈六月〉、〈民勞〉以下，若分別為《小雅》、《大雅》之傳，其如何解〈鹿鳴〉、〈文王〉等之經？呂祖謙所以有此論調，或許受宋人《大學》、《中庸》分經傳之影響。

《詩》之正變說起源於《毛詩序》的「至于王道衰，禮義廢，政教失，國異政，家殊俗，而變風變雅作矣。」（頁 12），而鄭玄《詩譜序》又加以闡述：

> 文、武之德，光熙前緒，以集大命於厥身，遂為天下父母，使民有政有居。其時《詩》：風有《周南》、《召南》，雅有《鹿鳴》、《文王》之屬。及成王、周公致太平，制禮作樂，而有頌聲興焉，盛之至也。本之由此風雅而來，故皆錄之，謂之《詩》之正經。後王稍更陵遲，懿王始受譖亨齊哀公，夷身失禮之後，邶不尊賢。自是而下，厲也、幽也，政教尤衰，周室大壞。……故孔子錄懿王、夷王時《詩》，訖於陳靈公淫亂之事，謂之變風、變雅。（頁3〜5）

照鄭玄的說法，《詩》依政治的盛衰分為正詩、變詩兩類。太平時代之詩歌稱為「正詩」，如文王、武王、成王時的詩。動亂時代之詩歌稱為「變詩」，如懿王以後的詩。這種正變說是漢人詩教說下的產物，以為三百五篇皆在反映政治之興衰，無形中所有的詩篇都成了教化的工具。事實上，鄭玄的說法也有自相矛盾處：其一，《周南》、《召南》鄭玄以為是西周初的作品，但經專家研究，二南中有東周詩篇在內。其二，鄭玄為《毛詩》作注時，以為《豳風》是成王時之作品（正詩），在《詩譜》中卻又以為是懿王時的詩（變詩）。

從以上所說可知，呂祖謙是承繼漢人的說法，再加上自己意見，而以《詩》之正變分經傳。

〔註2〕 呂祖謙引鄭氏曰：「《詩譜》曰：《小雅·六月》、《大雅·民勞》之後，皆謂之變雅，美惡各以其時正之次也。」《釋文》曰：「從〈六月〉至〈無羊〉十四篇，是宣王之變《小雅》，從〈節南山〉至〈何草不黃〉四十四篇，前儒申公、毛公皆以為幽王之變《小雅》。從〈民勞〉至〈桑柔〉五篇，是厲王之變《大雅》，從〈雲漢〉至〈常武〉六篇，是宣王之變《大雅》，〈瞻卬〉及〈召旻〉二篇，是幽王之變《大雅》。」（頁 1646）

二、以訛傳訛，引用典故未察

〈邶風‧谷風〉第三章：「涇以渭濁，湜湜其沚。」呂祖謙曰：

> 「涇」，新昏也。「渭」，舊室也。涇渭既合，則清濁易惑，於洲渚淺
> 處視之，渭之清猶可見也。詩人多述土風，此衛詩而遠引涇渭者，
> 蓋「涇濁渭清」天下所共知，如云海鹹河淡也。（卷四，頁 1488）

呂氏謂「涇濁渭清，天下所共知」，蓋其說或承朱熹而來，以訛傳訛，而不知
其誤矣。朱熹於《詩集傳》卷二云：

> 涇水出今原州百泉縣笄頭山東南，至永興軍高陵入渭；渭水出渭州
> 渭源縣鳥鼠山，至同州馮翊縣入河。……涇濁渭清，然涇未屬渭之
> 時，雖濁而未甚見，由二水既合，而清濁益分，然其別出之諸流或
> 稍緩，則猶有清處。（卷二，頁 21）。

涇，渭二水在今陝西省，朱熹是福建人，生在南宋，時陝西為金兵所佔，無
法實地觀察，故不知「涇清渭濁」始正確。〔註 3〕宋代有朱嗣卿、蘇轍等主張
「涇清渭濁」，然未為呂祖謙所採。〔註 4〕

三、探他家之說，不察其非

〈邶風‧靜女〉首章：「靜女其姝，俟我於城隅。」張橫渠曰：「後宮西
北壁城隅，俟我幽閑念彼姝。」（卷四，頁 1495），呂祖謙採張氏之說，以為
靜女在後宮，後宮西北乃城隅。陳澧《東塾讀書記》曰：「諸侯之宮，前朝後
市，後宮西北安能近城隅乎？」（卷六，頁 97），呂祖謙又曰：

> 三章之義難通，橫渠之說差近，……田官獻新物於君所歸之，莫信
> 芳美而且異於常，乃用之以答彤管之贈，蓋所以贈之者，非其女色
> 之為美，亦惟德美之人是貽耳。（卷四，頁 1496）

〔註 3〕（1）毛《傳》：「涇渭相入而清濁異。」鄭《箋》：「涇水以有渭，故見渭濁。」
朱熹《詩集傳》：「涇濁渭清。」毛《傳》只說涇渭二水清濁不同，至朱熹竟
明言涇濁渭清。（2）傅曄〈涇渭混濁一千年〉一文略謂：渠抗戰時期曾至涇
渭合流處遊覽，所見者，涇水清，渭水濁。並云清乾隆朝有涇渭二水清濁之
爭論，乾隆皇帝命陝西巡撫秦承恩，窮二河之源辨其清濁。待證實涇清渭濁
後，乾隆批曰：「涇以渭濁，朱註以為渭清涇濁，大失經義。」（見中央日報
民國 63 年 2 月 17、18 日第九版）

〔註 4〕朱嗣卿〈初學編〉：「分涇渭之清濁。」蘇轍詩：「袞袞河渭濁。」（《欒城集》
卷七，頁 12〈次韻子瞻見寄〉），「渭水帶沙渾。」（《欒城集》卷二，頁 11）

陳澧認此說仍未通：「蓋三篇中，此篇當此食肉不食馬肝耳。〔註5〕」（《東塾讀書記》卷六，頁98）。《左傳》定公九年載：「〈靜女〉之三章，取彤管焉〔註6〕」。《左傳注疏》孔穎達《疏》云：「本錄〈靜女〉詩者，止爲彤管之言可取，故全篇取之，不棄上下之二章也。」（《十三經注疏・春秋疏》卷五十五，頁20），以呂祖謙之解，陳澧認爲其「竟以爲上下二章本可棄矣。」（《東塾讀書記》卷六，頁98）

第二節　呂氏《詩經》學之價值和影響

一、呂祖謙《詩經》學之價值

　　漢初《詩》有齊、魯、韓、毛四家，然僅《毛詩》留傳下來。東漢以後，毛《傳》、鄭《箋》一直處於優勢地位，唐代《五經正義》頒行天下，毛、鄭之說更獨霸學界四百餘年之久，其間除成伯璵、韓愈曾懷疑《詩序》外，〔註7〕其餘皆遵循漢儒之說。

　　宋代歐陽修著《詩本義》首先發難，〔註8〕糾毛、鄭、《詩序》之非，自後治《詩經》者始逐漸不守舊說，紛紛議論毛、鄭之失，攻擊《詩序》，廢去傳注。其中最積極者屬鄭樵、王質、朱熹。鄭樵於《詩經》方面著有《詩傳》、《詩辨妄》、《辨詩序妄》、《詩名物志》等書，今已亡佚，據陳振孫《直齋書錄解題》云：

　　　　辨妄者，專指毛、鄭之妄。謂《小序》非子夏所作，可也，盡削去之，而以己意爲《序》，可乎？樵之學自成一家，而其師心自是，殆

〔註5〕　《史記・儒林列傳》第六十一，景帝曰：「食肉不食馬肝，不爲不知味。」（頁17）。

〔註6〕　〈邶風・靜女〉全篇三章，其第二章曰：「靜女其孌，貽我彤管。彤管有煒，說懌女美。」《左傳》云三章中，惟此章彤管之言可取。呂祖謙則云此章言「賢妃貽以彤管女史之法，戒彤管之光華，與容色之美，皆可說懌，則所說不專以其色也。」（卷四，頁1496）

〔註7〕　成伯璵《毛詩指說》云：「眾篇之小〈序〉，子夏唯裁初句耳，至『也』字而止，……其下皆是大毛公自以《詩》中之意而繫其辭也。」（〈解說第二〉，頁8），韓愈亦以爲「子夏不序《詩》」。（《四庫全書總目》卷十五，頁2）

〔註8〕　《四庫全書總目》云：「自唐以來，說詩者莫敢議毛、鄭，雖老師宿儒，亦謹守〈小序〉。至宋而新義日增，舊說幾廢，推原所始，實發於修。」（卷十五，頁12）

孔子所謂不知而作者也。（卷二，頁38）

鄭樵力詆大小《序》之非，和毛《傳》、鄭《箋》之失，朱熹受鄭樵影響而盡改《詩集傳》，其曰：

> 向見鄭漁仲《詩辨妄》力詆《詩序》，其間言語太甚，以爲皆是村野妄人所作。始亦疑之，後來仔細看一兩篇，因質之《史記》、《國語》，然後知《詩序》之果不足信。（《朱子語類》卷八十，頁2076）

朱熹晚年注意到依《詩序》解詩的弊病，在鄭樵《詩辨妄》的啓示下，「質之《史記》、《國語》」始發覺《詩序》確實不可信，於是著手廢《序》之工作。王質撰《詩總聞》，其解《詩》亦廢去傳注，自成新說。《四庫全書總目》云：

> 南宋之初廢《詩序》者三家，鄭樵、朱子及質也。鄭、朱之說最著，亦最與當代相辨難，質說不字字詆〈小序〉，故攻之者亦稀，然其毅然自用，別出新裁，堅銳之氣乃視二家爲加倍。（卷十五，頁18）

王質《詩總聞》首創十聞之例，〔註9〕自出新意，以意逆志、去《序》言《詩》，其「堅銳之氣」出乎鄭樵、朱熹之上。他們於反毛、鄭，反《詩序》之聲浪中，企圖掙脫漢學的牢籠，追求《詩》之本義。

　　在眾論紛云，新義如潮之情況下，漢儒舊說幾乎不存，呂祖謙在此洪流中卻仍堅守毛、鄭之學，尊《序》解《詩》，撰《呂氏家塾讀詩記》一書。《四庫全書總目》載：「詩學之詳正，未有逾於此書者。」（卷十五，頁24），其書雖雜採諸家之解，然凡與注疏立異，或非申述《詩序》、毛《傳》者，大多不採，且甚少引用之。呂祖謙認爲魯、齊、毛、韓四家訓詁不同，詩義亦迥異，以四家詩之義尚存者相較，發覺獨《毛詩》注釋平實，其義大多與經傳之記載相合，諸如事實、典章、訓詁等，亦多與《左傳》、《周禮》、《爾雅》同，故知《毛詩》與《毛詩序》較可信。

　　歷代高唱廢《詩序》者，大多以《詩序》說教，妄生美刺爲理由，然而就漢儒來說，《詩經》是孔子所刪定，每篇必有以教導世人之道理在，故將《詩經》說得在政教上有重大作用，以符合其崇聖尊經的信念，而儒生亦得藉以顯達，其穿鑿附會，實有不得已之苦衷。〔註10〕夏傳才先生於〈毛詩大序論析〉云：

〔註9〕十聞者，聞音、聞訓、聞章、聞句、聞字、聞物、聞用、聞跡、聞事、聞人，凡十門。（《四庫全書總目》卷十五，頁18）

〔註10〕屈萬里認爲「詩教」所以形成的原因應當是（一）漢人認爲六經都是孔子刪定的；孔子是垂教萬世的聖人，他所刪定的經典，一字一句，都應該含有高尚的哲理，都有教導訓戒的深意。（二）專制時代的皇帝，對於臣民操生殺予

《小序》距離《詩經》的時代較近，而且雜取經史，保留某些舊説，對某些詩篇的世次、背景的提示尚切題旨有的題解也間或有助於我們去探求詩義，或給我們以啟發。（《山西大學學報》1983 年第四期，頁 30～31）

治《詩經》須瞭解時代背景及作詩動機，以免盲目解《詩》，爲使讀者瞭解詩旨之所在，《詩序》或可解決此問題，《毛詩》與《毛詩序》最接近《詩經》的年代，或許較接近詩人之本意亦未可知。〔註11〕呂祖謙尊毛《傳》鄭《箋》、《詩序》，使漢儒傳統得以在宋代反毛、鄭，廢《序》之狂流中保存下來，其功自不可沒。

二、呂祖謙《詩經》學對後世之影響

（一）宋　代

自南宋以後，元代以至明代，《詩經》學界幾乎是朱熹《詩集傳》之天下。此期間因有呂祖謙之堅守漢學傳統，故毛《傳》雖隱晦不彰，然仍有其潛在勢力，呂氏所著《呂氏家塾讀詩記》公諸於世後，對南宋學者影響甚大，茲舉數家略述如次：

1、戴溪《續呂氏家塾讀詩記》

據《四庫全書總目》卷十五曰：

溪以《呂氏家塾讀詩記》取毛《傳》爲宗，折衷眾説，於名物訓詁最爲詳悉，而篇內微旨，詞外寄託，或有未貫，乃作此書補之，故

奪之權，可以任意作威作福，而無所忌憚；大臣們只有利用當時崇聖的心理，引聖人之言來説服皇帝，……毛《傳》也必得穿鑿附會地説某詩是美某人，某詩是刺某人，用以表現褒貶之意，而希望在政治和教化上發生作用。説《詩》的人，能就上述的兩點去發揮，才合乎通經致用的原則。（參見〈先秦説詩的風尚和漢儒以詩教説詩的迂曲〉收入《詩經研究論集（一）》，頁 387）

〔註11〕馬端臨《文獻通考‧經籍考》卷五云：「《書序》可廢，而《詩序》不可廢；就《詩》而論之，〈雅〉、〈頌〉之《序》可廢，而十五國風之《序》不可廢……〈風〉之爲體，比、興之辭多於敍述，風諭之意浮於指斥。蓋有反覆詠歎，聯章累句，而無一言敍作之之意者。而《序》者，乃一言以蔽之曰：『爲某事也』。苟非其傳授之有源，探索之無舛，則孰能臆料當時指意之所歸以示千載乎？……愚之所謂不可廢者，謂《詩》之所不言而賴《序》以明者耳。……鄭氏謂毛公始以置諸詩之首，則自漢以前，經師傳授，其去作詩之時蓋未甚遠也；千載而下，學者所當遵守體認以求詩人之意而得其庶幾，固不宜因其一語之贅疣，片辭之淺陋，而欲一切廢之，鑿空探索而爲之訓釋也。」（頁 137～144）

以續記爲名，實則自述己意，非盡墨守祖謙之說也。（頁 25）

2、段昌武《毛詩集解》

據《經義考》卷一百九載段昌武之從子段維清〈請給據狀〉曰：

> 先叔以《毛詩》口講指畫筆以成編，本之東萊《詩說》，參以晦庵《詩
> 傳》，以至近世諸儒一話一言，苟足發明，率以錄焉。（頁 3）

又陸元輔曰：

> 引先儒之說，依詩之章次解之，而間附以己意，大抵如東萊《讀詩
> 記》例，而較明暢。（同上書，頁 3）

3、嚴粲《詩緝》

《四庫全書總目》稱：

> 是書以呂祖謙《讀詩記》爲主，而雜採諸說以發明之，舊說有未安
> 者，則斷以己意。考證尤爲精核，宋代說詩之家與呂祖謙書並稱善
> 本。（卷十五，頁 30）

4、劉克《詩說》

其子劉坦跋曰：

> 家君所著《詩說》每篇條列諸家解，而繫己意於後，其所纂輯家數，
> 視東萊《詩記》加詳，亦互有去取。又以《詩記》所編詩解乃文公
> 初筆。其晚年詩解成時，呂公已下世，更別爲目繫於朱曰之次。（收
> 入《經義考》卷一百九，頁 5）

（二）元　代

元代受呂祖謙影響者有李公凱之《毛詩句解》，據朱彝尊《經義考》卷一
百十一載：

> 黃虞稷曰：公凱，宜春人，字仲容，其書專取呂氏《讀詩記》而隱
> 括之。（頁 7）

（三）明　代

明中葉起，漢學逐漸受到重視，如明代季本《詩說解頤》、李先芳《讀詩
私記》、朱謀㙔《詩故》，以及清初朱鶴齡《詩經通義》、顧鎮《虞東學詩》等，
其說《詩》或以〈小序〉爲主，或兼用毛《傳》、鄭《箋》、孔穎達《疏》，或
引用呂祖謙之《呂氏家塾讀詩記》，在在皆可看出宋學正受到相當之威脅，漢
學的勢力則正逐漸擴大中。呂祖謙的《詩經》學在此過程中亦扮演了重要的

角色，漢學因有呂氏之堅守陣營，使漢學傳統得以延續不絕，其意義甚爲重大，茲將以上諸家引用舊說之情況略述如次：

1、季本《詩說解頤》

（1）季本〈詩說解頤總論〉卷一云：

按朱子於《詩序》有辯說，而六義於綱領又詳論之，今考爲總論以見一經大意。東萊呂氏《讀詩記‧綱領》別有〈詩樂〉、〈刪次〉及〈章句音韻〉、〈訓詁傳授〉之目，今亦損益其文而附論焉。（收入《四庫全書》第七十九冊，頁4）

（2）《周南‧樛木》篇，引：

東萊呂氏曰：「詩亦有初淺後深，初緩後急者，然大率後章多是協韻。」（〈詩說解頤正釋〉卷一，頁14，收入同上書，頁31）

（3）〈詩說解頤正釋〉卷一《周南‧桃夭》篇，引：

東萊呂氏曰：「〈桃夭〉既詠其華，又詠其實，又詠其葉，非有他義，蓋餘興未已而反覆歎之耳。」（同上書，頁33）

（4）《鄘風‧相鼠》篇，季本引呂祖謙之說云：

東萊呂氏曰：〈相鼠〉之惡無禮，何其如是之甚也？蓋溺於淫亂之俗，不如是不足以自拔也。疾惡不深，則遷善不力。（〈詩說解頤正釋〉卷四，頁17）

（5）《檜風‧匪風》篇，引呂祖謙之說曰：

東萊氏曰：〈匪風〉、〈下泉〉思周道之詩，獨作於曹、檜何也？曰：政出天子，則強不凌弱，各得其所。政出諸侯，則徵發之煩、供億之困，侵伐之暴，唯小國偏受其害，所以睠懷宗周爲獨切也。戰國時房喜謂韓王曰：大國惡有天子而小國利之。以此二詩驗之，其理益明，賈誼欲眾建諸侯而少其力，雖其言略而不精，亦可謂少知治體矣。（〈詩說解頤正釋〉卷十三，頁6）

2、李先芳《讀詩私記》

（1）《鄭風‧山有扶蘇》篇，引呂氏之說：

《讀詩記》云：「山宜有扶蘇者也，隰宜有荷華者也，朝宜有賢俊者也，今觀昭公之朝者不見子都，乃見狂且焉，則昭公所美非美可知矣。」（《讀詩私記》卷三，頁9）

（2）《鄭風‧蘀兮》篇，亦引呂氏之說：

《讀詩記》云：「昭公微弱孤危，其群臣相謂國勢如槁葉之待衝風，難將及矣，叔兮伯兮宜各自謀，爾倡我則我其和汝要汝矣。要謂要結也，蓋君不能倡，故臣下自相倡和也。」（同上書、卷，頁9）

（3）《鄭風・狡童》篇，則引呂氏之說：

《讀詩記》云：「昭公有狡狂之志，而無成人之實，孤危將亡，君子憂之，至於不能餐息，愛君之至也。」（同上書，卷三，頁9）

（4）《鄭風・子衿》篇引呂氏之說：

《讀詩記》云：「世亂學校不修，學者棄業，賢者念之，故曰悠悠我心，縱不可以往教強聒，子寧不思其所學而繼其音問，遽爾棄於善道乎？」又言「挑達登城而廢學，是以一日不見，如三月之久，蓋言一日廢學則志荒，放僻邪侈之心滋矣。」（同上書，卷三，頁10）

（5）《豳風，伐柯》篇引呂氏之說：

《讀詩記》云：既得罪人之後，周公遲留未歸，士大夫刺王不知所以還周公之道。又言伐柯匪斧則不能，娶妻匪媒則不成，言各有其道，今欲周公之歸，亦必有其道也。又言執柯以伐柯，即此手中之柯，而得其法，以比王欲迎周公亦不過反之於吾心，則知所以迎之之道，若我得見周公，而陳其籩豆之列將有日矣。（同上書，卷三，頁21）

其引《讀詩記》之言視朱熹《詩集傳》爲多。是以《四庫全書總目》云：「所釋大抵多從毛鄭，毛鄭有所難通，則參之呂氏《讀詩記》。」（卷十六，頁12）

3、朱謀㙔《詩故》

《四庫全書總目》云：

是書悉以〈小序〉首句爲主，略同蘇轍《詩傳》之例，而參用舊說考證之，大旨宗法漢學，故與朱子《集傳》往往異同。（卷十六，頁13）

朱熹之《詩集傳》廢去《詩序》而不錄，朱謀㙔之前的季本《詩說解頤》、李先芳《讀詩私記》，釋《詩》雖已徵引漢、唐舊說，以及呂祖謙等尊《序》派之言論，然並未恢復《詩序》。朱謀㙔之《詩故》始錄《詩序》首句於篇名之下，再就首句加以申述或辨正，其贊同《詩序》之說者約佔百分之六十（參見《明代經學研究論集》頁267），雖未全遵《詩序》，卻對推動漢學的復興頗有助力。

4、何楷《詩經世本古義》

何楷認爲詩可以反映國政之興衰，及維持君臣之道，有諷諫、勸戒作用之詩始可採集，因此認爲《詩經》中沒有淫詩。在朱熹所認定的三十首淫詩中，何楷僅採用半首，〔註 12〕且將朱熹之說列爲諸家解之一而已，可見朱熹《詩集傳》已非論定詩旨的唯一標準。

此外，張次仲《待軒詩記》、朱朝瑛《讀詩略記》亦皆以〈小序〉首句爲主，唐汝諤《詩經微言合參》則溯源毛、鄭，參以呂祖謙《讀詩記》及嚴粲《詩緝》等。從前述諸書中可看出《詩序》的價值被重新肯定，以及明代學者之欲超越宋學研究傳統，而改變學風的意圖。在此潮流中顯現代表宋學傳統的朱熹詩學逐漸沒落，代之而出的是漢學傳統的興起，此階段可說是由宋學逐漸過渡到清代漢學的橋樑。

（四）清　代

清代學風大體而言，是標榜漢學以反擊宋學，《詩經》方面則根據毛《傳》、鄭《箋》反對朱熹之《詩集傳》，採用呂祖謙之說者亦相對增加。《四庫全書總目》載元明以來：

> 獨以《集傳》試士，然數百年來，諸儒多引據古義，竊相辨詰，亦如當日之攻毛、鄭。蓋《集傳》廢《序》成於呂祖謙之相激，非朱子之初心，故其間負氣求勝之處在所不免。（卷十六，頁 19）

朱子廢《序》是否由於呂祖謙之相激，固未可知，然貶朱之意灼然可見。《集傳》已成眾矢之的，數百年來之權威受到質疑。清代《詩經》著述引毛《傳》、鄭《箋》、《詩序》，以及呂祖謙之說者驟增，茲舉數家著述說明如次：

1、康熙欽定《詩經傳說彙纂》

是編雖以朱熹《詩集傳》爲綱，然於漢、唐《傳》、《箋》、《序》、《疏》可取之訓解，亦一一附錄以補缺遺，是兼採宋學、漢學之著作。

2、錢澄之《田間詩學》

《四庫全書總目》載：

〔註 12〕　參見《中國文哲研究集刊》第四期（民國 83 年 3 月）林慶彰先生著〈何楷《詩經世本古義》析論〉，頁 319～384。據統計，何楷採用朱熹《詩經集傳》的半首是《衛風・氓》篇，其詩旨爲：「衛宣公之時，淫風大行，男女無別，互相奔誘，華落色衰，復相棄背（出《序》）。淫婦爲人所棄，而自敘其事，以道其悔恨之意（出朱《傳》）。」前半段採《詩序》，僅後半段採朱熹《詩集傳》之說。

大旨以〈小序〉首句爲主，所採諸儒論説，自注疏《集傳》以外，凡二程子、……呂祖謙、……二十家。（卷十六，頁 21）

3、朱鶴齡《詩經通義》

《四庫全書總目》載：

是書專主〈小序〉，而力駁廢《序》之非，所採諸家，於漢用毛、鄭，唐用孔穎達，宋用歐陽修、蘇轍、呂祖謙、嚴粲。（卷十六，頁 24）

其引呂祖謙之説如：

（1）〈邶風・匏有苦葉〉篇云：

呂《記》此詩刺宣公之淫亂，然一章、二章、四章皆以物爲比，而不正言其事，三章雖言昏禮，特舉士之歸妻，蓋不欲斥言之，而以小喻大也，所謂主文而譎諫也。（《詩經通義》卷二，頁 20）

（2）〈邶風・旄丘〉篇：

呂《記》黎臣見衛之大夫過此甚多，終莫有動心者，故歎曰：「非衛大夫之車不東來也，特無與我同患難者耳。」（卷二，頁 24）

（3）《邶風・簡兮》篇：

呂《記》：萬舞，二舞之總名。干舞者，武舞別名。籥舞者，文舞別名也。文舞又謂之羽舞。鄭康成據《公羊傳》以萬舞爲干舞，蓋《公羊》釋經之誤也。（卷二，頁 26）

（4）〈鄘風・柏舟〉篇：

呂《記》：《史記》共伯餘釐侯世子，釐侯已葬，武公襲攻共伯，共伯入，釐侯羨自殺。按武公在位五十五年，《國語》稱武公年九十有五，猶箴警于國，計其初即位，其齒蓋四十餘矣，使果弑共伯而自立，則共伯見弑之時，其齒又長于武公，安得謂之早死乎！髦者子事父母之飾，諸侯既小殮則脱之，《史記》謂釐侯已葬而共伯自殺，則是時共伯既已脱髦矣，《詩》安得猶謂之「髧彼兩髦」乎？是共伯未嘗有見弑之事，武公未嘗有弑君之惡也。（卷二，頁 35）

（5）《衛風・河廣》篇：

呂《記》：《説苑》云：宋襄公爲世子請于桓公曰：「請使目夷立。」公曰：「何故？」對曰：「臣之舅在衛愛臣，若終立則不可以往。」味此詩知其母子之心，蓋不相遠，所載似可信也。不曰欲見母而曰欲見舅者，恐傷其父之意也。母之慈、子之孝，皆止于義而不敢過

焉。不幸處母子之變者可以觀矣。（卷二，頁65）

4、陳啟源《毛詩稽古編》

《四庫全書總目》載：

> 此編則訓詁一準諸《爾雅》，篇義一準諸〈小序〉，而詮釋經旨則一
> 準諸毛《傳》，而鄭《箋》佐之，其名物多以陸璣《疏》爲主。題曰
> 「毛詩」，明所宗也，曰「稽古編」，明爲唐以前專門之學也。所辨
> 正者，惟朱子《集傳》爲多，歐陽修《詩本義》、呂祖謙《讀詩記》
> 次之。（卷十六，頁25）

其論風雅頌之旨，則固守漢學傳統，「不容一語之出入」，雖詳徵博引，然言
論不免或有所偏。其辨正、或引呂祖謙之說，稱「呂《記》」、「東萊」等不一，
例如：

（1）《邶風・谷風》篇云：

> 薺，毛、鄭皆無訓釋，呂《記》引《本草》云：「薺味甘，人取其葉
> 作菹及羹亦佳。」案此即《爾雅》之蒫，薺實也。郭注云：「薺子味
> 甘。」邢《疏》亦引《本草》語，及〈谷風〉詩證之，東萊之解蓋
> 本此。（《毛詩稽古編》卷三，頁25）

（2）《鄘風・君子偕老》篇辨正呂、朱之誤曰：

> 衡與筓本一物也，孔《疏》引之乃云：「惟祭服有衡筓垂於副之兩旁」
> 云云，於衡下增二筓字，而不引筓卷髮之文，是以釋衡者釋筓矣。
> 呂《記》、朱《傳》皆仍其誤。（同上書，卷四，頁3）

（3）《鄘風・桑中》篇云：

> 朱子以〈桑中〉詩爲淫者自作，與東萊爭論不啻千餘言，識者多是
> 呂，《通義》已載其說。……朱子引〈樂記〉以爲證，而全不辨其文
> 義，豈後儒耳目竟可塗哉。（同上書，卷四，頁6）

（4）《王風・中谷有蓷》篇，陳啓源曰：

> 暵其乾矣，毛《傳》云：「暵菸貌，陸草生谷中傷于水。」鄭《箋》
> 云：雖之傷于水始則濕，中則脩，久則乾。孔《疏》云：水之浸草
> 先濕後乾，今詩人立文先乾後濕，喻君子於已有厚薄，從其甚而本
> 之也。呂《記》、朱《傳》祖伊川之說，皆訓暵爲燥，以爲草待陰潤
> 而生，暵則乾矣……與注疏正相反。（同上書，卷五，頁7）

（5）《鄭風・緇衣》篇，陳啓源辨正呂、朱曰：

呂《記》、朱《傳》皆以〈緇衣〉篇爲周人作，非也。周人作之當入
〈王風〉矣，好賢自屬周人，鄭人述而爲此詩耳。改衣授粲盛稱王
朝禮遇之隆，寵任之至，以見德足以堪，此與〈淇奧〉詩「充耳」、
「重較」意正相同。（卷五，頁 16）

（5）顧鎮《虞東學詩》

《四庫全書總目》載：

所徵引凡數十家，而歐陽修、蘇轍、呂祖謙、嚴粲四家所取爲多。（卷
十六，頁 44）

顧鎮又於《虞東學詩・例言》中云：

古今《詩》說最繁，……而其中卓然可傳者，推歐、蘇、呂、嚴四
家。（頁 2）

茲略舉顧鎮《虞東學詩》中，引呂祖謙《呂氏家塾讀詩記》之說如次：

（1）《唐風・山有樞》篇：

呂《記》曰：「詩人豈欲昭公馳驅飲樂哉，其激發感切之者深矣。呂
祿棄軍，其姑呂頷出珠玉寶器散堂下曰：『毋爲他人守』，此詩人意
也。」（卷四，頁 35）

（2）《王風・君子于役》篇：

〈序〉謂刺平王，而衍者言大夫思其危難以風。《讀詩記》曰：「考
經文不見思其危難以風之意。」（《虞東學詩》卷三，頁 5）

（3）《鄘風・柏舟》篇：

呂氏《記》曰：「武公在位五十五年，而《國語》稱其年九十有五猶
箴儆於國，計初即位當逾四十，而共伯齒又加長，經何以言『兩髦』？
《序》何以言「蚤死」？是共伯未嘗有見弒之事，武公未嘗有篡弒
之惡。」後之傳者妄也。（卷二，頁 36）

（4）《邶風・北風》篇：

王荆公解末章「同車」，謂貴者去之。按程《傳》謂同車亦偕行耳，
但卒章辭益迫切，同車有已駕之意。東萊呂氏謂「同車不必指貴者」，
二說得之。（卷二，頁 30）

（5）《周南・卷耳》篇：

呂氏《讀詩記》曰：「夫婦一體也，崇德報功，后妃固無與此，而體
群臣之意則不可不同也。室有釜之聲則門無嘉客，況后妃心志所

形見者乎。」（卷一，頁 8）

顧鎮引呂祖謙之說，並未全按《呂氏家塾讀詩記》所載原文錄下，而係加以刪削剪裁，此點與呂祖謙引前人之文的作法相似。其引呂氏之文冠以呂《記》、《讀詩記》、呂氏《記》、東萊呂氏、呂氏《讀詩記》等名稱，並未加以統一。

第九章 結 論

　　前代學者雖有貶抑呂祖謙《呂氏家塾讀詩記》，或謂朱、呂因爭論《毛詩》
而不合，朱子改從鄭說係由呂氏所起，但是根據前文的論述，對呂氏及其書
的觀感似可有所瞭解，今綜合上文各節之論述，歸納爲數點結論如下：

　　其一，《呂氏家塾讀詩記》係採諸家之說，集其善者編纂而成。其所引之
書，今大多已亡佚，從呂書中可尋得片段的記載，或可略窺其簡要之輪廓，
因此對前人著作或有輯佚的作用。但是書中亦留下些懸而未決之問題；依呂
氏纂輯之體例，應是經文頂格，諸家解較經文低一格，凡呂祖謙之解皆另提
行視經文低兩格。然而除宋孝宗時刊本外，其餘板本皆自卷十九〈彤弓〉篇
以後變更體例，將呂祖謙之解冠以「東萊曰」三字，夾於句中，既不另提行，
亦未低二格。至今尚無法理解其爲何變更體例，以及何以不自卷二十六〈公
劉〉章始。

　　其二，呂祖謙《詩》之方法甚多；有引前人之說以證其解，或舉前人之
說以釋《詩》；其尊《序》，然又非盲目遵之，若《詩序》有誤，或認有後人
附益時，亦糾其誤。於申述詩篇之義時，有申釋一章或數章之義，或綜述全
篇之大意，並論及各章之層遞關係。

　　其三，以「協韻」及「賦比興」論作詩之法，於探討《詩》旨時，除言
一篇之大旨外，亦論及意在言外者。對於詩旨不明著，並不強釋之，而是「存
其訓故，以待知者」。

　　其四，呂氏甚重視字詞、名物等方面之訓詁，對毛《傳》、鄭《箋》、史
書、及前人之誤，皆一一辨正或加以補充。其辨正並非完全正確，然可從中
窺其欲探求詩句正確意義，進而確定詩旨的用心。對於朱熹之淫詩說、「雅鄭

邪正」等問題，呂祖謙皆加以反駁。

其五，呂祖謙說《詩》也有疏失之處，如以《詩》之正變分經傳，引用典故、或採他家之說未察其非等。「傳」是解經的，若〈六月〉、〈民勞〉以下，分別爲《小雅》、《大雅》之「傳」，未知其何以解〈鹿鳴〉、〈文王〉等之「經」？此或受宋人《大學》、《中庸》分經傳的影響。

其六，在宋代反毛、鄭，廢《序》之潮流下，呂氏仍堅守毛《傳》、鄭《箋》、《詩序》，撰《呂氏家塾讀詩記》一書，使漢儒傳統得以保存下來，其功自不可沒。宋代之戴溪、段昌武、嚴粲、劉克，元代李公凱，明代的季本、李先芳、朱謀㙔、何楷，清代錢澄之、朱鶴齡、陳啓源、顧鎭等，皆受呂祖謙之影響；或著書採呂氏之體例，或尊毛、鄭、《詩序》等舊說解《詩》，或引呂氏之說等，在在皆可看出漢學的勢力正逐漸擴充，漢學因有呂祖謙之堅守陣營，得以延續不絕，其意義甚爲重大。

其七，陳振孫、魏了翁之稱譽呂氏，《四庫全書總目》以《呂氏家塾讀詩記》爲「詩學之詳正，未有逾於此書者」，都是呂祖謙所應得的殊榮，此外，呂氏在宋學學風下仍堅持尊《序》，因《詩序》有它釋《詩》的合理性，這種尊《序》的風氣，給明末以後學者恢復《詩序》有不少的啓示。

引用及主要參考書目

一、經　部

1. 《古周易》，〔宋〕呂祖謙撰，臺北，臺灣商務印書館影印文淵閣四庫全書本，1983 年。

2. 《十三經注疏・詩疏》，〔漢〕毛公傳、鄭玄箋，〔唐〕孔穎達等疏，臺北，藝文印書館影印南昌府學刊本，1989 年。

3. 《毛詩鄭箋》，〔漢〕毛公傳、鄭玄箋，臺北，臺灣中華書局據相臺岳氏家塾本校刊，1983 年 12 月臺五版。

4. 《毛詩草木鳥獸蟲魚疏》，（吳）陸璣撰，《叢書集成新編》第四十三冊，臺北，新文豐出版公司，1985 年。

5. 《毛詩指說》，〔唐〕成伯璵撰，臺北，漢京文化事業公司影印通志堂經解本，1980 年。

6. 《詩本義》，〔宋〕歐陽修撰，臺北，漢京文化事業公司影印通志堂經解本，1980 年。

7. 《詩集傳》，〔宋〕蘇轍撰，臺北，臺灣商務印書館影印文淵閣四庫全書本，1983 年。

8. 《詩辨妄》，〔宋〕鄭樵撰，顧頡剛輯點，北平，樸社，1933 年 7 月。

9. 《詩總聞》，〔宋〕王質撰，臺北，新文豐出版公司據經苑本印，1985 年。

10. 《毛詩李黃集解》，〔宋〕李樗、黃櫄撰，臺北，漢京文化事業公司影印通志堂經解本，1980 年。

11. 《詩集傳》，〔宋〕朱熹集註，臺北，臺灣中華書局，1991 年 3 月，十二版。

12. 《呂氏家塾讀詩記》，〔宋〕呂祖謙撰，臺北，臺灣商務印書館據上海涵

芬樓瞿氏鐵琴銅劍樓藏宋刊本影印，1976 年。

13. 《呂氏家塾讀詩記》，〔宋〕呂祖謙撰，明嘉靖辛卯（十年）傅應臺南昌刊本（現藏臺北國立中央圖書館善本書室）。

14. 《呂氏家塾讀詩記》，〔宋〕呂祖謙撰，明萬曆癸丑（四十一年）南京吏部刊本（現藏臺北國立中央圖書館善本書室）。

15. 《呂氏家塾讀詩記》，〔宋〕呂祖謙撰，臺北，世界書局影印摛藻堂四庫全書薈要本，1986 年。

16. 《呂氏家塾讀詩記》，〔宋〕呂祖謙撰，臺北，臺灣商務印書館影印文淵閣四庫全書本，1983 年。

17. 《呂氏家塾讀詩記》，〔宋〕呂祖謙撰，清嘉慶十六年重雕谿上聽彝堂藏板（現藏國立臺灣大學研究圖書館）。

18. 《呂氏家塾讀詩記》，〔宋〕呂祖謙撰，清道光咸豐間大梁書院刊，同治七年印本（現藏臺北國立中央圖書館善本書室）。

19. 《呂氏家塾讀詩記》，〔宋〕呂祖謙撰，清同治光緒間永康胡氏退補齋刊，1925 年補刊本（現藏國立臺灣大學研究圖書館）。

20. 《詩序辨說》，〔宋〕朱熹撰，《叢書集成新編》第五十五冊，臺北，新文豐出版公司，1985 年。

21. 《續呂氏家塾讀詩記》，〔宋〕戴溪撰，上海商務印書館，1936 年 12 月初版。

22. 《非詩辨妄》，〔宋〕周孚撰，臺北，新文豐出版公司據涉聞梓舊本印，1985 年。

23. 《毛詩集解》，〔宋〕段昌武撰，臺北，臺灣商務印書館影印文淵閣四庫全書本，1983 年。

24. 《慈湖詩傳》，〔宋〕楊簡撰，臺北，臺灣商務印書館影印文淵閣四庫全書本，1983 年。

25. 《詩緝》，〔宋〕嚴粲撰，臺北，廣文書局影印味經堂本，1989 年 8 月 4 版。

26. 《詩說》，〔宋〕劉克撰，臺北，臺灣商務印書館，1981 年 10 月初版。

27. 《詩傳遺說》，〔宋〕朱鑑編，臺北，漢京文化事業公司影印通志堂經解本，1980 年。

28. 《詩童子問》，〔宋〕輔廣撰，臺北，臺灣商務印書館影印文淵閣四庫全書本，1983 年。

29. 《詩疑》，〔宋〕王柏撰，臺北，臺灣開明書店，1969 年 6 月臺一版。

30. 《毛詩句解》，〔元〕李公凱撰，臺北，臺灣商務印書館影印文淵閣四庫全書本，1983 年。

31. 《詩傳通釋》,〔元〕劉瑾撰,臺北,臺灣商務印書館影印文淵閣四庫全書本,1983 年。

32. 《詩說解頤》,〔明〕季本撰,臺北,臺灣商務印書館影印文淵閣四庫全書本,1983 年。

33. 《詩故》,〔明〕朱謀㙔撰,臺北,臺灣商務印書館影印文淵閣四庫全書本,1983 年。

34. 《毛詩原解》,〔明〕郝敬撰,明萬曆丙辰(四十四年)京山郝氏家刊本(現藏臺北國立中央圖書館善本書室)。

35. 《待軒詩記》,〔明〕張次仲撰,臺北,臺灣商務印書館影印文淵閣四庫全書本,1983 年。

36. 《讀詩私記》,〔明〕李先芳撰,臺北,臺灣商務印書館影印文淵閣四庫全書本,1983 年。

37. 《讀詩略記》,〔明〕朱朝瑛撰,臺北,臺灣商務印書館影印文淵閣四庫全書本,1983 年。

38. 《詩經疑問》,〔明〕姚舜牧撰,臺北,臺灣商務印書館影印文淵閣四庫全書本,1983 年。

39. 《詩經世本古義》,〔明〕何楷撰,臺北,臺灣商務印書館影印文淵閣四庫全書本,1983 年。

40. 《毛詩陸疏廣要》,〔明〕毛晉撰,《業書集成新編》第四十三冊,臺北,新文豐出版公司,1985 年。

41. 《欽定詩經傳說彙纂》,〔清〕王鴻緒纂,臺北,維新書局,1978 年。

42. 《田間詩學》,〔清〕錢澄之撰,臺北,臺灣商務印書館影印文淵閣四庫全書本,1983 年。

43. 《詩經通義》,〔清〕朱鶴齡撰,臺北,臺灣商務印書館影印文淵閣四庫全書本,1983 年。

44. 《毛詩稽古編》,〔清〕陳啓源撰,臺北,藝文印書館影印皇清經解本,1965 年。

45. 《讀詩質疑》,〔清〕嚴虞惇撰,臺北,臺灣商務印書館影印文淵閣四庫全書本,1983 年。

46. 《詩經通論》,〔清〕姚際恆撰,臺北,河洛圖書出版社,1978 年。

47. 《讀風偶識》,〔清〕崔述撰,崔東壁遺書本,臺北,河洛圖書出版社,1975 年 9 月影印。

48. 《毛詩傳箋通釋》,〔清〕馬瑞辰撰,陳金生點校,北京,中華書局,1989 年 3 月一版。

49. 《毛詩後箋》,〔清〕胡承珙撰,臺北,藝文印書館影印皇清經解續編本,

1965 年。

50. 《虞東學詩》，〔清〕顧鎮撰，臺北，臺灣商務印書館影印文淵閣四庫全書本，1983 年。

51. 《詩毛氏傳疏》，〔清〕陳奐撰，臺北，臺灣學生書局，1986 年。

52. 《詩經原始》，〔清〕方玉潤撰，臺北，藝文印書館影印本，1981 年 2 月三版。

53. 《三家詩遺說考》，〔清〕陳喬樅撰，臺北，藝文印書館影印皇清經解續編本，1965 年。

54. 《詩古微》，〔清〕魏源撰，何慎怡點校，長沙，嶽麓書社，1989 年 12 月一版。

55. 《詩三家義集疏》，〔清〕王先謙撰，吳格點校，臺北，明文書局，1988 年 10 月初版。

56. 《毛詩質疑》，〔清〕牟應震著，袁梅校點，濟南，齊魯書社，1991 年 7 月一版。

57. 《毛詩禮徵》，〔清〕包世榮撰，臺北，力行書局，1970 年 6 月。

58. 《三百篇演論》，蔣善國撰，臺北，臺灣商務印書館，1969 年臺一版。

59. 《詩經學》，胡樸安撰，臺北，臺灣商務印書館，1988 年 5 月臺五版。

60. 《詩言志辨》，朱自清撰，臺北，漢京文化事業公司，1983 年 1 月初版。

61. 《詩經與周代社會研究》，孫作雲撰，北京，中華書局，1966 年 4 月一版。

62. 《詩經今論》，何定生撰，臺北，臺灣商務印書館，1973 年 9 月三版。

63. 《詩三百篇探故》，朱東潤撰，上海，上海古籍出版社，1981 年 11 月一版。

64. 《詩經研讀指導》，裴普賢撰，臺北，東大圖書公司，1991 年 4 月三版。

65. 《詩經評註讀本上、下》，裴普賢撰，臺北，三民書局，1988 年 8 月，四版。

66. 《詩經研究》，黃振民撰，臺北，正中書局，1982 年 2 月。

67. 《詩經名著評介》，趙制陽撰，臺北，臺灣學生書局，1983 年 10 月。

68. 《詩經名著評介（二）》，趙制陽撰，臺北，五南圖書出版公司，1993 年 7 月初版。

69. 《毛詩鄭箋平議》，黃焯撰，上海，上海古籍出版社，1985 年 6 月一版。

70. 《詩疏平議》，黃焯撰，上海，上海古籍出版社，1985 年 11 月一版。

71. 《澤螺居詩經新證》，于省吾撰，北京，中華書局，1982 年 11 月。

72. 《詩經六論》，張西堂撰，香港，文昌書店，不著出版年月。

73. 《詩經研究反思》，趙沛霖編著，天津，天津教育出版社，1989 年 6 月。

74. 《詩經釋義》，屈萬里撰，臺北，華岡出版公司，1977 年 10 月六版。

75. 《毛詩會箋》，竹添光鴻撰，臺北，大通書局，1975 年 9 月，再版。

76. 《詩經篇旨通考》，張學波撰，臺北，廣東出版社，1976 年 5 月。

77. 《詩經注析》，程俊英、蔣見元撰，北京，中華書局，1991 年 10 月一版。

78. 《詩經譯注》，袁梅撰，濟南，齊魯書社，1985 年 1 月一版。

79. 《三經新義輯考彙評（二）》，詩經，程元敏撰，臺北，國立編譯館，1986 年 9 月初版。

80. 《詩經探微》，袁寶泉、陳智賢撰，廣州，花城出版社，1987 年一版。

81. 《詩經欣賞與研究（一～四）》，糜文開、裴普賢撰，臺北，三民書局，1987 年 11 月，改編版。

82. 《詩經評釋》，朱守亮撰，臺北，臺灣學生書局，1988 年 8 月二版。

83. 《詩經》，周滿江撰，臺北，國文天地雜誌社，1990 年 10 月初版。

84. 《詩經的歷史公案》，李家樹撰，臺北，大安出版社，1990 年 11 月一版。

85. 《詩經直解》，陳子展撰，上海，復旦大學出版社，1991 年 6 月三版。

86. 《詩經辨義》，蘇東天撰，杭州，浙江古籍出版社，1992 年 4 月一版。

87. 《詩經名篇集釋集評》，王占威撰，內蒙古教育出版社，1992 年 9 月一版。

88. 《詩經蠡測》，郭晉稀撰，蘭州，甘肅人民出版社，1993 年 8 月一版。

89. 《詩經研究論文集》，高亨等撰，北京，人民文學出版社，1959 年 2 月一版。

90. 《詩經研究論集》，熊公哲等撰，臺北，黎明文化事業公司，1986 年 4 月，再版。

91. 《詩經研究論集（一）》，林慶彰編，臺北，臺灣學生書局，1987 年 7 月，二版。

92. 《詩經研究論集（二）》，林慶彰編，臺北，臺灣學生書局，1987 年 9 月初版。

93. 《詩經學論叢》，江磯編，臺北，崧高書社，1985 年 6 月。

94. 《王柏之詩經學》，程元敏撰，臺北，嘉新水泥公司文化基金會，1968 年 10 月初版。

95. 《歐陽修詩本義研究》，裴普賢撰，臺北，東大圖書公司，1981 年 7 月初版。

96. 《詩經研究史概要》，夏傳才撰，河南，中州書畫社，1982 年 9 月一版。

97. 《詩經周南召南發微》，文幸福撰，臺北，學海出版社，1986 年 8 月初

版。

98. 《詩經毛傳鄭箋辨異》，文幸福撰，臺北，文史哲出版社，1989 年 10 月初版。

99. 《中國歷代詩經學》，林葉連撰，臺北，臺灣學生書局，1993 年 3 月。

100. 《朱子詩集傳釋例》，陳美利撰，臺北，政治大學中研所碩士論文，1972 年。

101. 《朱呂詩序說比較研究》，林惠勝撰，臺北，臺灣大學中研所碩士論文，1983 年。

102. 《宋代之詩經學》，黃忠慎撰，臺北，政治大學中研所博士論文，1984 年。

103. 《朱熹詩集傳研究》，許英龍撰，臺中，東海大學中研所碩士論文，1985 年。

104. 《王質詩總聞研究》，陳昀昀撰，臺中，東海大學中研所碩士論文，1986 年。

105. 《兩宋詩經著述考》，陳文采撰，臺北，東海大學中研所碩士論文，1988 年。

106. 《歐陽修詩本義研究》，趙明媛撰，中壢，中央大學中研所碩士論文，1990 年。

107. 《增修書說》，〔宋〕呂祖謙撰，時瀾增修，臺北，臺灣商務印書館影印文淵閣四庫全書本，1983 年。

108. 《尚書今註今譯》，屈萬里撰，臺北，臺灣商務印書館，1969 年。

109. 《周禮今註今譯》，林尹註譯，臺北，臺灣商務印書館，1987 年 9 月五版。

110. 《儀禮注疏》，〔漢〕鄭玄注，〔唐〕賈公彥疏，臺北，藝文印書館影印南昌府學刊本，1989 年 1 月十一版。

111. 《禮記正義》，〔漢〕鄭玄注，〔唐〕孔穎達正義，臺北，藝文印書館影印南昌府學刊本，1989 年 1 月。

112. 《春秋左傳注》，楊伯峻撰，臺北，源流出版社，1982 年。

113. 《春秋公羊傳注疏》，〔漢〕何休注，〔唐〕徐彥疏，臺北，藝文印書館影印南昌府學刊本，1989 年 1 月，十一版。

114. 《左氏傳說》，〔宋〕呂祖謙撰，《叢書集成新編》第一〇九冊，臺北，新文豐出版公司，1985 年。

115. 《左氏傳續說》，〔宋〕呂祖謙撰，臺北，臺灣商務印書館影印文淵閣四庫全書本，1983 年。

116. 《左氏博議》，〔宋〕呂祖謙撰，《叢書集成新編》第一一〇冊，臺北，新

文豐出版公司，1985 年。

117. 《呂東萊的春秋學》，林建勳撰，中壢，中央大學中研所碩士論文，1991 年。

118. 《經典釋文》，〔唐〕陸德明撰，臺北，臺灣商務印書館據上海涵芬樓景印宋刊本影印，1979 年臺一版。

119. 《方言》，舊題〔漢〕楊雄撰，〔晉〕郭璞注，臺北，臺灣中華書局據戴氏遺書本校刊，1983 年。

120. 《爾雅》，〔晉〕郭璞注，臺北，臺灣中華書局據永懷堂本校刊，1966 年3 月臺一版。

121. 《古音學發微》，陳新雄撰，臺北，文史出版社，1975 年。

122. 《中國語音史》，董同龢撰，臺北，華岡出版公司，1978 年2 月三版。

123. 《古代漢語（修訂本）》，王力主編，北京，中華書局，1992 年3 月，第二十次印刷。

124. 《音韻學叢書》，〔明〕陳第等撰，〔清〕渭南嚴氏校訂，臺北，廣文書局，1987 年，再版。

125. 《論語集解》，〔魏〕何晏撰，四部備要本，臺北，臺灣中華書局，1970 年6 月臺二版。

126. 《焦氏筆乘》，〔明〕焦竑輯，《叢書集成新編》第八十八冊，臺北，新文豐出版公司，1985 年。

127. 《經學歷史》，〔清〕皮錫瑞撰，臺北，臺灣商務印書館，1989 年10 月臺五版。

128. 《經學源流考》，〔清〕甘鵬雲撰，臺北，學海出版社，1986 年。

129. 《國學發微》，劉師培撰，臺北，廣文書局，1970 年。

130. 《十三經概論》，蔣伯潛撰，臺北，宏業書局，1981 年10 月。

131. 《經學理學文存》，黃彰健撰，臺北，臺灣商務印書館，1976 年1 月初版。

132. 《群經述要》，高明等撰，臺北，黎明文化事業公司，1979 年。

133. 《經學研究論集》，王靜芝等撰，臺北，黎明文化事業公司，1981 年元月初版。

134. 《經學通論》，皮錫瑞撰，臺北，臺灣商務印書館，1989 年10 月臺五版。

135. 《經學概述》，裴普賢撰，臺北，臺灣開明書店，1990 年10 月五版。

136. 《中國經學史的基礎》，徐復觀撰，臺北，臺灣學生書局，1982 年。

137. 《中國經學史》，馬宗霍撰，臺北，臺灣商務印書館，1986 年2 月七版。

138. 《中國經學發展史論（上冊）》，李威熊撰，臺北，文史哲出版社，1988 年12 月。

139. 《中國經學史論文選集（上冊）》，林慶彰編，臺北，文史哲出版社，1992年10月。

140. 《中國經學史論文選集（下冊）》，林慶彰編，臺北，文史哲出版社，1993年3月。

141. 《兩漢經學今古文平議》，錢穆撰，臺北，東大圖書公司，1978年6月臺再版。

142. 《兩漢經學史》，章權才撰，廣東人民出版社，1990年12月一版。

143. 《宋代經學之研究》，江惠敏撰，臺北，師大書苑，1989年4月。

144. 《明代經學研究論集》，林慶彰著，臺北，文史哲出版社，1994年5月初版。

145. 《王柏之生平與學術》，程元敏撰，臺北，臺灣大學中研所博士論文，1971年。

146. 《清初的群經辨偽學》，林慶彰撰，臺北，文津出版社，1990年3月。

二、史　部

1. 《史記》，〔漢〕司馬遷撰，〔宋〕裴駰等注，臺北鼎文書局，1986年3月三版。

2. 《史記會注考證》，瀧川龜太郎等著，臺北，洪氏出版社，1986年9月版。

3. 《百衲本二十四史》，臺北，臺灣商務印書館重印、發行，1968年9月臺二版。

4. 《漢書》，〔漢〕班固撰，臺北，鼎文書局，1986年10月六版。

5. 《宋史》，〔元〕脫脫撰，臺北，鼎文書局，1983年11月三版。

6. 《宋史藝文志補·附編》，〔元〕脫脫等修，上海商務印書館，1957年，初版。

7. 《宋史藝文志史部佚籍考》，劉兆祐撰，臺北，撰者印行，1973年。

8. 《國語》，左丘明著，韋昭注，臺北，九思出版有限公司，1978年11月臺一版。

9. 《大事記》，〔宋〕呂祖謙撰，《叢書集成新編》第一〇四冊，臺北，新文豐出版公司，1985年。

10. 《唐鑑音注》，〔宋〕呂祖謙撰，《叢書集成新編》第一一四冊，臺北，新文豐出版公司，1985年。

11. 《文獻通考經籍考》，〔元〕馬端臨撰，臺北，新文豐出版公司，1986年9月臺一版。

12. 《宋會要輯稿》，〔清〕徐松纂輯，北京，中華書局，1957年一版。

13. 《宋元方志傳記索引》，朱士嘉編，上海，上海古籍出版社，1986 年，新一版。

14. 《宋人生卒考示例》，鄭騫撰，臺北，華世出版社，1977 年。

15. 《歷代人物年里碑傳綜表》，姜亮夫撰，臺北，文史哲出版社，1985 年 2 月，再版。

16. 《古今人物別名索引》，陳德芸編，臺北，藝文印書館，1976 年 5 月，再版。

17. 《著者別號著錄考》，杜信孚、蔡鴻源撰，杭州，江蘇古籍出版社，1986 年一版。

18. 《群書拾補》，〔清〕盧文弨撰，《叢書集成新編》第三冊，臺北，新文豐出版公司，1985 年。

19. 《郡齋讀書志》，〔宋〕晁公武撰，臺北，廣文書局影印書目續編本，1967 年 12 月初版。

20. 《遂初堂書目》，〔宋〕尤袤撰，臺北，廣文書局影印書目續編本，1968 年 3 月初版。

21. 《直齋書錄解題》，〔宋〕陳振孫撰，上海，上海古籍出版社，1987 年 12 月一版。

22. 《世善堂藏書目錄》，〔明〕陳第撰，臺北，廣文書局影印書目三編本，1969 年 2 月初版。

23. 《萬卷堂書目》，〔明〕朱睦㮮編《叢書集成續編》第三冊，臺北，新文豐出版公司，1989 年。

24. 《百川書志》，〔明〕高儒撰，《叢書集成續編》第三冊，臺北，新文豐出版公司，1989 年。

25. 《菉竹堂書目》，〔明〕葉盛編，《叢書集成新編》第二冊，臺北，新文豐出版公司，1985 年。

26. 《脈望館書目》，〔明〕趙琦美撰，《叢書集成續編》第四冊，臺北，新文豐出版公司，1989 年。

27. 《絳雲樓書目》，〔清〕錢謙益撰，臺北，廣文書局影印書目三編本，1969 年。

28. 《絳雲樓題跋》，〔清〕錢謙益撰，潘景鄭輯校，北京中華書局，1958 年。

29. 《天祿琳琅藏書續目》，〔清〕于敏中撰，臺北，廣文書局影印書目續編本，1968 年。

30. 《也是園書目》，〔清〕錢曾編，《叢書集成續編》第五冊，臺北，新文豐出版公司，1989 年。

31. 《季滄葦書目》，〔清〕季振宜撰，《叢書集成新編》第二冊，臺北，新文

豐出版公司，1985 年。

32. 《汲古閣書目》，〔清〕鄭德懋輯，《叢書集成續編》第五冊，臺北，新文豐出版公司，1989 年。

33. 《愛日精廬藏書志》，〔清〕張金吾撰，臺北，文史哲出版社，1982 年 3 月影印初版。

34. 《皕宋樓藏書志》，〔清〕陸心源編，臺北，廣文書局影印書目續編本，1968 年。

35. 《傳是樓宋元本書目》，〔清〕徐乾學撰，《叢書集成續編》第四冊，臺北，新文豐出版公司，1989 年。

36. 《述古堂藏書目》，〔清〕錢曾考藏，《叢書集成新編》第二冊，臺北，新文豐出版公司，1985 年。

37. 《善本書室藏書志》，〔清〕丁丙撰，臺北，廣文書局影印書目叢編本，1968 年 8 月。

38. 《八千卷樓藏書目錄》，〔清〕丁丙撰，臺北，廣文書局影印書目四編本，1970 年 6 月。

39. 《五十萬卷樓藏書目錄》，〔清〕莫伯驥撰，臺北，廣文書局影印書目叢編本，1967 年 8 月。

40. 《宋金元本書影》，鐵琴銅劍樓編，臺北，廣文書局影印書目四編本，1970 年 6 月。

41. 《宋元舊本書經眼錄》，〔清〕莫友之撰，臺北，廣文書局影印書目叢編本，1967 年 8 月。

42. 《邵亭知見傳本書目》，〔清〕莫友之撰，臺北，廣文書局影印書目五編本，1972 年 7 月。

43. 《光緒金華縣志》，〔清〕鄧鍾玉纂，臺北成文出版社據民國 23 年鉛字重印本影印，1970 年。

44. 《鐵琴銅劍樓藏書目錄》，〔清〕瞿鏞編，臺北，廣文書局影印書目叢編本，1967 年。

45. 《經義考》，〔清〕朱彝尊撰，臺北，臺灣中華書局，1979 年 2 月臺三版。

46. 《四庫全書總目》，〔清〕紀昀等撰，臺北，藝文印書館，1989 年 1 月六版。

47. 《四庫提要辨證》，余嘉錫撰，臺北，藝文印書館，1974 年，四版。

48. 《四庫全書總目提要補正》，胡玉縉撰，臺北，木鐸出版社，1981 年 8 月。

49. 《四庫提要補正》，崔富章撰，浙江，杭州大學出版社，1990 年 9 月。

50. 《四庫提要訂誤》，李裕民著，北京，書目文獻出版社，1990 年 10 月。

51. 《古書經眼錄》，雷夢水撰，濟南，齊魯書社，1984 年。

52. 《金華經籍志》，胡宗楙撰，臺北，進學書局，1970 年。

53. 《中國古籍善本書目‧經部》，中國古籍善本書目編輯委員會編，上海，上海古籍出版社，1985 年。

54. 《善本書所見錄》，羅振常遺著，周子美編訂，上海，上海商務印書館，1958 年。

55. 《宋代書目考》，喬衍琯撰，臺北，文史哲出版社，1987 年。

56. 《現存宋人著述目略》，中央圖書館編，臺北，中華叢書編審委員會印行，1971 年。

57. 《僞書通考（上）》，張心澂撰，臺北，鼎文書局，1973 年 10 月。

58. 《續僞書通考》，鄭良樹編，臺北，臺灣學生書局，1984 年 6 月。

59. 《讀史札記》，呂思勉撰，臺北，木鐸出版社，1983 年 9 月。

60. 《呂祖謙及其史學》，胡昌智撰，臺北，臺灣大學史研所碩士論文，1974 年。

61. 《呂東萊之文學與史學》，劉昭仁撰，臺北，文史哲出版社，1986 年 1 月。

62. 《中國歷代藝文總志》，臺北，國立中央圖書館編印，1984 年 11 月。

63. 《四部要籍序跋大全》，佚名纂，王雲五收藏，臺北，華國出版社，1952 年 4 月。

三、子 部

1. 《揮麈錄》，〔宋〕王明清撰，臺北，臺灣商務印書館據上海涵芬樓景印汲古閣影宋鈔本影印，1981 年。

2. 《道命錄》，〔宋〕李心傳編，永和，文海出版社，1981 年。

3. 《近思錄》，〔宋〕呂祖謙、朱熹同編，《叢書集成新編》第二十二冊，臺北，新文豐出版公司，1985 年。

4. 《朱子語類》，〔宋〕黎靖德編，臺北，文津出版社，1986 年 12 月。

5. 《宋元學案》，〔清〕黃宗羲撰，臺北，華世出版社，1987 年 9 月臺一版。

6. 《宋元學案補遺》，王梓材等輯，《四明叢書》第五集，第十八冊，臺北，新文豐出版公司，1988 年臺一版。

7. 《清儒學案》，徐世昌等撰，臺北，世界書局，1962 年 2 月。

8. 《少儀外傳》，〔宋〕呂祖謙撰，上海，上海商務印書館，1936 年 12 月初版。

9. 《歷代制度詳說》，〔宋〕呂祖謙撰，臺北，臺灣商務印書館影印文淵閣

四庫全書本，1983 年。

10. 《詩律武庫前後集》，題呂祖謙撰，《叢書集成新編》第七冊，臺北，新文豐出版公司，1985 年。

11. 《臥遊錄》，〔宋〕呂祖謙撰，《叢書集成新編》第二十四冊，臺北，新文豐出版公司，1985 年。

12. 《麗澤論說集錄》，〔宋〕呂祖謙撰、呂祖儉蒐錄、呂喬年編，臺北，臺灣商務印書館影印文淵閣四庫全書本，1983 年。

13. 《東塾讀書記》，陳澧撰，臺北，臺灣商務印書館，1975 年 3 月臺四版。

14. 《儒家哲學》，梁啓超撰，臺北，臺灣中華書局，1980 年。

15. 《歷史與思想》，余英時撰，臺北，聯經出版事業公司，1986 年 7 月，十一版。

16. 《中國古代藝文思想漫話》，徐壽凱撰，臺北，木鐸出版社，1986 年。

17. 《宋代學術思想研究》，金中樞撰，臺北，幼獅文化事業公司，1989 年 3 月。

18. 《呂祖謙思想初探》，潘富恩、徐余慶撰，杭州，浙江人民出版社，1984 年 6 月。

19. 《呂祖謙評傳》，潘富恩、徐余慶撰，南京，南京大學出版社，1992 年 1 月。

20. 《呂祖謙》，姚榮松撰，收入中華文化復興運動推行委員會編，《中國歷代思想家》第五冊，臺北，臺灣商務印書館，1977 年。

21. 《呂祖謙研究》，吳春山撰，臺北，臺灣大學中研所博士論文，1978 年 6 月。

22. 《呂祖謙之理學研究》，馬秀嫻撰，香港，新亞研究所碩士論文，1985 年 7 月。

四、集　部

1. 《呂東萊書牘（上、下）》，〔宋〕呂祖謙撰，上海商務印書館，1928 年 4 月五版。

2. 《古文關鍵》，〔宋〕呂祖謙撰，百大家評點，上海碧梧山莊書局影印宋刻本，1918 年。

3. 《宋文鑑》，〔宋〕呂祖謙編，齊治平點校，北京，中華書局，1992 年 3 月。

4. 《林下偶談》，〔宋〕吳荊溪撰，《叢書集成新編》第十二冊，臺北，新文豐出版公司，1985 年。

5. 《四朝聞見錄》，〔宋〕葉紹翁撰，《叢書集成新編》第八十四冊，臺北，

新文豐出版公司，1985 年。

6. 《龍川文集》，〔宋〕陳亮撰，《叢書集成新編》第七十四冊，臺北，新文豐出版公司，1985 年。

7. 《止齋先生文集》，〔宋〕陳傅良撰，四部叢刊正編本，臺北，臺灣商務印書館，1979 年。

8. 《呂東萊先生文集》，〔宋〕呂祖謙撰，《叢書集成新編》第七十四冊，臺北，新文豐出版公司，1985 年。

9. 《東萊呂太史集》，〔宋〕呂祖謙撰、呂喬年輯，胡宗楙校勘，《叢書集成續編》第一二八冊，臺北，新文豐出版公司，1989 年。

10. 《張子全書》，〔宋〕張載撰，臺北，臺灣商務印書館，1979 年臺一版。

11. 《歐陽修全集》，〔宋〕歐陽修撰，臺北，河洛圖書出版社，1975 年。

12. 《二程集》，〔宋〕程顥、程頤撰，王孝魚點校，臺北，里仁書局，1982 年。

13. 《朱文公文集》，〔宋〕朱熹撰，臺北，臺灣商務印書館，1980 年 10 月。

14. 《滹南集》，（金）王若虛撰，臺北，臺灣商務印書館影印文淵閣四庫全書本，1983 年。

15. 《空山堂全集》，〔清〕牛運震撰，清嘉慶年間空山堂刊本（現藏國立臺灣大學研究圖書館）。

16. 《戴震文集》，〔清〕戴震撰，臺北，華正書局，1974 年 10 月臺一版。

17. 《兩宋文學史》，程千帆、吳新雷撰，上海，上海古籍出版社，1991 年 2 月。

五、期刊論文

1. 〈兩宋之反對詩序運動及其影響〉，程元敏撰，《中山學術文化集刊》二集，1968 年 11 月。

2. 〈宋人疑經的風氣〉，屈萬里撰，收入《書傭論學集》，臺北，臺灣開明書店，1969 年。

3. 〈述金華學派〉，高越天撰，《浙江月刊》五卷十期，1973 年 10 月。

4. 〈涇渭混濁一千年〉，傅曙撰，《中央日報》第九版，1974 年 2 月十七、十八日。

5. 〈呂祖謙之學術淵源〉，胡昌智撰，《幼獅月刊》四十三卷三期，1976 年 3 月。

6. 〈歐陽修之詩經學〉，何澤恆撰，《孔孟月刊》十五卷三期，1976 年 11 月。

7. 〈朱熹的詩經學〉，賴炎元撰，《中國國學》七期，1979 年 9 月。

8. 〈論漢代和宋代的詩經研究及其在清代的繼承和發展〉，胡念貽撰，《文學評論》，1981 年六期。

9. 〈論呂祖謙〉，潘富恩、施昌東撰，《浙江學刊》，1982 年一期。

10. 〈論清代詩經研究的繼承和革新〉，夏傳才撰，《天津師院學報》，1982 年四期。

11. 〈歷代詩經研究評述〉，程俊英撰，《華東師範大學學報》，1982 年三期。

12. 〈論呂祖謙「婺學」特徵〉，步近智撰，《中國哲學史研究》，1983 年三期。

13. 〈呂祖謙的詩經學〉，賴炎元撰，《中國學術年刊》六期，1984 年 6 月。

14. 〈宋代學風變古中的詩經研究〉，石文英撰，《廈門大學學報》，1985 年四期。

15. 〈宋代疑經思潮與理學的形成〉，曹錦清撰，複印報刊資料（《中國哲學史》），1985 年三期。

16. 〈宋代詩經學概論〉，馮寶志撰，《古籍整理與研究》，1986 年一期。

17. 〈朱子說詩先後異同條辨〉，何澤恆撰，《國立編譯館館刊》，十八卷一期，1989 年 6 月。

18. 〈宋代浙江事功學派述評〉，葉建華撰，《浙江學刊》，1989 年六期。

19. 〈宋代浙江學風概述〉，徐吉軍撰，《浙江學刊》，1989 年六期。

20. 〈南宋婺學與永嘉學派〉，周夢江撰，《浙江學刊》，1990 年二期。

21. 〈呂東萊「教育思想」初探〉，張垣鐸撰，《南臺工專學報》十三期，1990 年 11 月。

22. 〈略論宋初學術思潮的演變〉，董健橋撰，《西北大學學報》，1991 年三期。

23. 〈呂祖謙思想論略〉，董平撰，《浙江學刊》，1991 年五期。

24. 〈論呂祖謙「求實用」的教育思想〉，潘莉娟撰，《北方論叢》，1991 年六期。

25. 〈論「東南三賢」理學思想之異同〉，潘富恩撰，複印報刊資料（《中國哲學史》），1991 年 10 月一期。

26. 〈詩經學史研究的回顧與前瞻〉，林慶彰撰，收入《中國文哲研究的回顧與展望論文集》，臺北，中央研究院中國文哲研究所，1992 年 5 月。

27. 〈呂祖謙與浙東史學〉，潘富恩撰，《孔子研究》，1992 年一期。

28. 〈呂祖謙的實學思想述評〉，潘富恩、徐余慶撰，《復旦學報》，1992 年六期。

29. 〈朱熹「淫詩說」考辨〉，賴炎元撰，《孔孟月刊》第三十一卷七期，1993 年 3 月。